KB242944

함께 낭만과 추억을 만들어온 분들에게
감사를 전합니다.

곧, 다시 잔을 기울일 날을 기다리며.

술의 주성분은 낭만

초판 1쇄 발행 2023년 07월 04일
초판 2쇄 발행 2023년 10월 12일
초판 3쇄 발행 2024년 09월 30일

저자 잔주

펴낸이 장주한
펴낸곳 잔주
출판등록 제2023-000040호

이메일 drunkjanju@gmail.com
홈페이지 www.drunkjanju.kr

ISBN 979-11-983544-0-2 03810

술의 주성분은 낭만

차례

RTO
OURO.
RT

PROLOGUE

술은 단순히 취하는 것, 그 이상의 가치가 있다.

술의 주성분은 물과 에탄올, 그리고 기타 첨가물들이다. 하지만 중요한 건 이 성분들로만 술을 평가할 수 없다는 것이다.

영화 내 머리속의 지우개에서 정우성과 손예진 앞에 소주가 아니라 커피가 있었다면, 영화 내부자들에서 이병헌이라면에 소주가 아니라 콜라를 마셨다면 그 장면들과 캐릭터가 완성될 수 있었을까?
이처럼 영화나 드라마의 인상적인 장면들을 보면 그들의 이야기에 술이 자연스럽게 녹아있다. 그리고 그 순간들은 술로 인해 평상시보다 더 매력 있게 느껴진다.

우리의 일상적인 술자리에서도 그렇다. 술자리에서 설렘을 느낀다면 그때의 장르는 로맨스고, 취기와 함께 광대가 아플 정도로 웃고 떠들면 코미디물이다. 만취하면 판타지나 미스터리물을 볼 수도 있다.

술은 이렇게 평범한 일상을 특별하게 만들어준다.

여행 에세이처럼 아름답게,
인생 에세이처럼 솔직하게.

술이 가진 특별함은 무수히 많지만 술을 안 좋게 보는 시선들은 아직도 허다하다. 건강하지 않다느니, 돈과 시간이 아깝다느니, 중독이라느니 하는 것들. 이러한 부정적인 시선들에 가려 빛을 보지 못했던 술의 긍정적인 이야기를 해보려 한다.

여행 에세이처럼 술과 함께한 순간들을 아름답게 묘사하고 싶었고, 인생에 대한 에세이처럼 술을 좋아하는 사람들이 겪는 경험들을 솔직하게 풀어내고 싶었다.

여행지에서 감성적인 경험을 하듯 술과 함께할 때에도 그만의 감성을 느낀다. 위로받고 공감받고 싶은 인생 이야기도 술자리에서 얼마든지 생긴다.

사람들과의 술자리에서 희로애락을 나누고, 휴가의 여유와 함께 술을 넘기며 추억을 쌓고, 때론 혼자 잔을 기울이며 사색을 즐겼던 순간들. 그리고 술내 나는 소소한 일상들까지.

　기분 좋게 다가왔던 술자리의 낭만들을 생각해 보면 결코
술을 미워할 수 없다. 이 책도 그 순간들을 떠올리며 써내려
갔다.
　순전히 술을 좋아하는 사람의 입장으로 쓴 이야기들.

　정말 많은 일들이 있었다.

술을 바라보는 시선들

그건 술이 문제가 아니라

오해와 편견

"술 얼마나 드세요?"

한 달에 20일 정도 마신다고 솔직히 말하면 보통 부정적인 시선들을 마주한다. 그 눈빛들에는 놀라움과 걱정이 섞여있다. 간혹 '건강하지 않은 삶'이라는 진단도 받는다. 이런 취급이 싫어서 주량을 줄여 말하는 사람들도 흔히 보인다. 원래보다 한 병 정도 적게 부르는 걸 매너로 보는 사람들이 많기도 하고.

하지만 언젠가부터 주변 시선 때문에 애써 거짓말을 한다는 사실이 탐탁지 않았다. 술을 좋아하는 건 해악이 아니다.

오히려 솔직하지 못한 모습을 습관처럼 내보이는 게 그릇된 일이다.

 특정 술자리를 피하고 싶다거나 누군가에게 겸손한 모습을 보여야 할 때, 필요에 의한 것이라며 주량을 조작하기도 한다. 근본적인 문제는 술자리를 피하고 싶은 사람과의 관계, 술을 잘 하는 걸 교만하게 보는 상대에 있음에도 자신의 한 부분을 깎아내리고 만다.

 반대로 술에 호의적인 사람들도 많다. 나 또한 첫 직장이건 대학 시절이건 술 얘기가 나오길 목 빠지게 기다렸으니까. 처음 만나는 사람들을 보면 가장 궁금한 게 술에 관한 것이었다. 주종은 뭔지, 속도는 빠른지, 좋아하는 안주는 무엇일지. 이렇듯 처음부터 들떠있다 보니 당연 첫 대화부터 주량을 속일 일도 없었다.

 어느 그룹에 들어가도 술 좋아하는 사람들은 어떻게든 모인다. 그 사람들이 편견처럼 '폭력적인가?' 혹은 '비생산적인가?'에 대해 연관성이 적다는 것도 술자리 한 번이면 깨닫는다.

다들 사람 좋아해서 술자리를 즐기고, 웃고 떠들면서 깊은 대화도 나눌 줄 아는 사람들이다. 이런 좋은 사람들이 단순히 술에 대한 부정적인 인식 때문에 평가절하되는 건 어불성설이다.

인성과 태도를 결정짓는 것은 술이 아니라 살아온 환경, 학습된 경험 혹은 주체적으로 쌓아온 가치관이다. 그럼에도 불구하고 이를 인지하지 못하는 사람들은 모든 원흉을 술로 치부한다.

소화가 안 됐는지 속이 더부룩한 적이 있었다.
"술 때문에 그런 거 아니야?"
"술 안 마셨는데?"
"평소에 많이 마신 게 오는 거야."

영화 얘기하다가 제목을 까먹은 적이 있었다.
"알콜성 치매 아니야?"
"아니 진짜 오래돼서 기억이 안 나."
"술 좀 줄여."

모기 때문에 잠을 못 자 피곤할 때가 있었다.
"어제도 술 마셨어?"
"아니 모기 때문에 못 잤다."
"그럼 그저께 마셨나?"

커피를 좋아하면 감성적으로, 차를 내려 마시면 차분하게 보기도 하면서 유독 술만 좋지 않은 시선이 압도적이다. 그렇게 시작됐던 술꾼들의 현실도피.

술에는 낭만과 감성이 있고 추억과 일상이 녹아있다. 이를 배제한 오해와 편견들에는 의연해져도 된다. 술에 대한 사고와 태도가 다를 뿐이니까.
그저 은연중 만연한 이 부당한 현실을 진실로 마주하길 바라며 오늘 밤도 술을 넘긴다.

술을 지향하는 삶

더없이 정상인 삶

"퇴근하고 술 마실 건데 같이 갈래?"
"아니. 내일 아침에 운동 가야 돼. 적당히 좀 마셔."

두 사람의 일상은 다를 테지만 틀린 사람은 없다. 그런데도 묘하게 틀린 사람이 된 것 같은 기분이 들 때가 있다.
술집이 헬스장보다 안 좋은 장소로, 삼겹살에 소주가 샐러드에 프로틴보다 안 좋은 음식으로 인식될 때 그렇다. 신체 활동과 식품의 성분만 놓고 보면 맞는 말이겠지만 개개인의 나날은 표면으로만 판단될 정도로 단편적이지 않다.

많은 활동량과 좋은 영양소만 채운다고 모두가 만족스러운 삶을 살진 않는다. 사람들을 만나 술과 음식을 즐기면서 활력을 얻고, 취기가 올라 맘껏 웃고 떠들며 마음의 평안을 얻기도 한다.

술을 좋아한다고 해서 건강과는 거리가 멀고, 업무 효율이 떨어지고, 자기 개발은 전혀 안 할 것 같은 이미지부터 떠올리는 것도 편견이다.

술 약속이 있으면 하루에 한 끼 정도는 가볍게 먹거나 다음 날 운동을 더 할 것이고, 가끔은 기름진 안주보다 해산물을 안주로 삼을 것이다. 중요한 일이 있는데 다 내팽개치고 술자리를 갈 정도로 무책임하지 않으며, 자신의 인생보다 술을 우선시할 정도로 무모하지도 않다.

매일 새벽 운동을 갔다가 닭가슴살을 먹고, 퇴근 후에는 샐러드로 끼니를 해결하고, 문화 활동까지 마치고 나서 밤 12시 전에 자는 삶이 건강하다는 걸 누구나 안다.
커피로 하루를 열며 일을 하고, 퇴근 후 삼겹살에 소주가 땡기면 친구들을 만나 실컷 즐긴 후 취기와 함께 잠드는 삶이 행복하다는 것도 누구나 안다.

그저 각자가 지향하는 삶의 방향에 맞춰 살아갈 뿐이다.

만약 술을 즐기는 게 잘못된 삶이라면, 세기를 넘어서도 인정받는 예술가와 사업가들부터 시작해 현재의 모든 유명인들까지 술을 안 마셨어야 한다. 하지만 그들 중 애주가는 너무나 많고, 술을 안 마시는 사람들마저 그들의 작품과 일생, 말과 행동에 열광하고 있다.

이렇듯 술을 좋아한다고 비정상 취급하는 것은 비정상이며, 술과 관계없이 각자의 삶을 존중하는 것이 정상이라 생각한다. 뭐든 해낼 사람이라면 술을 좋아하든 아니든 해낼 테니까.

일단 다 떠나서 나는 다음날 새벽 운동을 가야 하는 스트레스와 함께 침대에 눕는 날보다 기분 좋게 취기 도는 나른한 상태로 잠자리에 드는 날이 더 많을 것 같다.

흐트러짐

실수라고 불리는 것들

"너 원래 이렇게 웃겼어?"

일할 땐 마냥 얌전한 줄로만 알았던 동료가 술자리에서 고
삐가 풀린 적이 있다. 입이 터진 그 친구는 평소에 보지 못
했던 활발한 익살을 맘껏 보여줬다.
우리는 의외의 모습에 놀라면서도 뱉는 말 한마디 한마디
에 쉼 없이 웃어댔다.

　나름 편하게 지냈다고 생각했는데, 취하지 않았을 때에는 그저 업무를 사이에 둔 조금 친한 동료일 뿐이었다. 술자리에서 보여준 긴장감 사라진 자유분방함이 본래의 모습으로 느껴졌으니까. 그렇게 그는 그날 술자리의 주연이 되었다.
　문제는 다음날이었다. 그 동료는 사고를 친 것도 아닌데 마치 죄인이라도 된 것처럼 고개를 푹 숙이고 몇 시간이나 서먹한 태도를 보였다.

실컷 좋은 시간을 보냈는데도 술에 취해 평소와 다른 모습을 보였다는 이유만으로 의기소침해져 있었다.

이처럼 술로 인해 재밌는 모습을 본 경험이 있는 반면 친구들의 눈물을 본 적도 있다.

"뭐야, 울어?"

슬픈 사연이 있으면 모두가 둘러 쓰다듬어 주기도 했고, 이미 속을 다 아는 막역한 사이라면 장난 섞인 조롱으로 눈물을 달래기도 했다.

평소에도 감수성이 풍부해 보였던 친구들이 울 땐 그대로 공감했다. 하지만 눈물샘에 가뭄이 든 것 같았던 친구들의 눈물을 봤을 때 당황했다. 평정심과 함께 가끔의 희열과 분노만 있을 줄 알았는데 슬픔이라는 감정을 표출하는 건 처음 봤으니까.

나도 운 적이 있다. 보통 때라면 언제나 그랬듯 무의식 중에 절제가 됐을 텐데, 술기운은 긴장만 누그러뜨린 게 아니라 눈물을 가로막던 벽마저 무너뜨렸다. 우는 것도 잠시, 이

내 그 모습이 부끄러워 서둘러 눈물을 멈추려 애를 쓰긴 했지만.

 취하지 않고도 모든 감정을 솔직하게 나누면 좋겠지만 현실은 쉽지 않다. 신뢰를 보여야 하는 직장에서 사소한 감정마저 조절하지 못한다면 중요한 순간의 설득을 어렵게 한다. 한창 웃고 떠들다가 드라마 주인공처럼 갑자기 울어버리면 분위기만 싸해진다.

 평소의 환경과 상황들만 보면 감정을 합리적으로 풀어내야 하지만 감정은 합리적이지 않다. 항상 흐트러지지 않고 이성적인 모습만 보이는 것도 쉽지 않다. 다만 술자리는 흐트러짐을 허락해 준다.

뜻밖의 모습을 보여도 수긍할 수 있는 순간.
무겁기만 했던 감정을 잠시나마 내려놓을 수 있는 순간.

 평상시의 흐트러짐은 실수라고 불리며 자칫 가벼워 보일 수 있는 계기가 된다. 하지만 취했을 때의 흐트러짐은 자신이 어떤 사람인지 온전히 보여주는 계기가 된다.

감춰놨던 활발함이나 슬픔을 술기운에 드러내면 잠시 부끄러울 수 있지만, 몇 날 며칠 고개 숙일 필요는 없다. 오고 가는 술잔에 주변 사람들도 이미 그 모습을 받아들이고 있었을 것이다.

사회에 해를 끼치는 모습만 아니라면 오히려 본모습을 나눌 수 있는 사람들과 맘껏 흐트러지며 깊어졌으면 한다. 그 뒤에는 더 안락한 술자리들이 기다리고 있을 테니까.

술값만 아꼈더라도

좋았던 경험이 하찮은 추억으로

술에 돈과 시간을 쓰는 비중이 높다. 술자리를 좋아하니 당연하다. 그렇다고 아깝다는 생각이 들진 않는다. 하지만 주변에서는 지출이 많아지면 술값부터 줄여야겠다고 흔히 말한다. 가끔은 나에게도 너무 많이 쓰는 게 아니냐는 핀잔을 주기도 하고.

돈을 흥청망청 쓰는 편은 아니지만, 술자리에서 대부분의 지출이 일어난다고 하면 흥청망청 쓰는 사람으로 본다.

할 수 있을 때 좋은 경험과 추억을 하나라도 더 남겨야 한다며 여행을 떠나고, 고스란히 내 손에 남는 실물과 만족감이 있다며 좋은 브랜드 옷을 사는 사람들은 많다. 하지만 술은 건강에 좋지도 않고, 남는 게 없다는 이유로 허비한다는 인식이 대부분이다.

함께 술자리를 할 때던 누구보다 재밌게 놀고, 스트레스를 풀고, 맛있는 안주도 잔뜩 먹었으면서 돈을 아껴야 할 때는 가장 쓸모없는 행동으로 간주한다.
당시에는 좋았던 경험이었지만 한순간에 하찮은 추억으로 전락해버린 것이다. 그저 다른 관심사가 잠시 우선순위에 올랐다는 이유 때문에 술자리를 폄하하는 경우다.

나는 해외여행이나 쇼핑을 적게 하는 편이다. 남들만큼 쓰지 않는 여행 경비로 다양한 술과 맛있는 음식을 먹고, 비행기 값으로 한 달 택시비를 충당한다. 쇼핑은 가끔 짧고 굵게 끝내고, 새로운 술집을 찾아다니는데 더 많은 시간을 쓴다.

술, 여행, 전시, 운동, 음악, 옷처럼 사람들의 관심사는 다양하다. 그중에서 개인적인 선호도가 있을 뿐이다. 나는 술자리에서 느끼는 흥미가 크기에 술값과 술자리에 시간을 많이 쓸 뿐이다.

 다양한 분위기의 술집들을 돌아다니며 새로운 분위기를 경험하고, 일이 안 풀린 땐 술을 마시며 영감을 얻기도 한다. 뿐만 아니라 사람과 사람 사이에 깊은 대화를 나누고, 새로운 사람들을 만나며 더 넓고 깊은 세상을 마주하기도 한다.

 이런 가치들을 술자리에서 느끼지 못하는 사람이라면 억지로 자리에 앉힐 생각은 없다. 적어도 나처럼 잘 즐기고 있는 사람에게 돈과 시간을 다른 곳으로 옮기라며 강요하지만 않았으면 하는 바람이다.

 남들이 어딜 가건 무엇을 사건 자신이 좋아하는 것에 소비하는 것을 존중한다. 내가 술과 함께 하며 느끼는 게 있듯, 그들도 그럴 것이니까.

 사람들이 좋아하는 관심사를 즐기는 모습들을 보면 눈길이 가기도 한다. 꼭 술이 아니더라도 다른 사람들에게 정보를 물어보는 경우도 많다.

 나 또한 종종 여행을 가고, 계절이 바뀔 때마다 좋아하는 스타일의 옷을 산다. 술을 좋아한다고 해서 여행과 옷들 안 좋아한다는 법은 없기 때문이다.

여러 관심사가 동일선상에 있는 경우도 많다. 누군가는 여행을 하며 옷을 사고, 음악을 들으며 커피를 마시기도 하며, 운동을 마치고 전시를 보러 가기도 한다.

술도 다름없다. 운동 후 시원하게 마시는 생맥주, 여행지에

서 마시는 특산주, 술과 음악에 심취하는 밤. 단순한 술자리도 좋지만 이렇게 다른 취미와 곁들이기도 한다. 이쯤 되면 술과 함께한 시간을 하대할 이유는 더더욱 없다.

'술값만 아꼈더라도.'라며 후회할 때도 있겠지만, 잘 생각해 보면 술자리 자체가 나쁜 기억은 아니었을 것이다. 술자리에 쓴 돈과 시간이 아깝다는 생각이 잠시 들다가도 본능적으로 다시 술자리를 찾아가니까.

다른 일상을 위해 술을 잠시 멀리해야 한다면, 괜히 미워하지 말고 나중에 다시 만날 순간을 기약하는 정도가 좋지 않을까 싶다.

누군가에겐 술자리가 여행이고, 전시만큼이나 값진 시간이다. 운동처럼 활력을 줄 때도 있고, 예쁜 옷처럼 만족감을 주기도 한다.
자신의 인생에서 술을 완전히 배제하지 않을 거라면 적어도 허비라는 인식정도는 거두면 어떨까 싶다.

술과 함께한 사람들

한잔하자

만남의 언어

친구들과 만남을 약속하던 말들은 시절이 지나며 바뀌어왔다.

한창 뛰놀던 초등학교 때는 "축구공 있는 사람?"이었고, 엄마 몰래 게임을 즐겼던 중학교 때는 "끝나고 PC방?"이었으며, 공부라는 핑계가 가장 좋았던 고등학교 때는 "일단 독서실 들를 거지?"였다. 그리고 성인이 되면서 이 말들은 "한잔하자."로 바뀌었다.

성인이 되자마자 그런 건 아니었다. 대학 시절 학과 행사가 있어도, 전시회를 가도, 운동을 해도 항상 그 끝에는 술자리가 있었을 뿐이었다. 그리고 나 또한 늘 그 자리에 있었다. 거절할 수 있는 상황도 있었지만 그러고 싶지도 않았다. 사람들과 잔을 부딪히며 그날 있었던 일들의 감상을 풀어놓는 게 좋았기 때문이다.

그때부터 술은 거의 모든 만남에 존재했다. 대화와 미식의 필수 요소로 주 소재가 되기도 했고, 감상과 여유의 조연이 되기도 했으며, 쿠키 영상처럼 본 만남의 끝을 강렬하게 마무리하기도 했다. 이렇다 보니 세상 모든 재밌는 일들은 술자리에서 벌어졌고, 중요한 일이 있을 때에도 항상 술자리

를 갖게 되었다.

"한잔하자."

이별이나 직장 스트레스 때문에 위로받고 싶을 때, 미래에 대한 고민이 있을 때, 취업처럼 축하받고 싶은 일이 있을 때 친구에게 건네는 연락은 항상 "한잔하자."였다. 이런 연락이 계속되다 보면 상대방도 자연스레 물음을 던진다.

"무슨 일 있어?"

전화나 메세지로 다 할 수 있는 얘기라면 굳이 만날 필요도 없고, 맨정신에 가볍게 끝낼 얘기라면 술을 마실 필요도 없다. 반면 술자리에서 만나게 되면 속 깊은 얘기를 하며 진하게 감정을 나누는 상황들이 많았다. 그렇기에 한잔하자는 말에 이유를 묻곤 했던 것이다. 따지고 보면 별 이유 없이 만나는 상황도 많긴 하지만.

오랜만에 보고 싶은 친구에게 "잘 지내? 간만에 한잔해야지?"라는 안부 인사를 건네고, 정말 가고 싶은 맛집이 생겼을 때 "요즘 날씨가 한잔해야 할 것 같은데?"라며 능청스러운 약속을 잡기도 한다. 그렇게 '한잔'이라는 단어는 인사와 약속의 시작을 매그럽게 만들어줬다.

 어린 시절 친구만 만나면 습관처럼 찾던 운동장과 PC방은 이제 술자리로 바뀌었다. 그에 맞게 만남의 언어도 바뀐 것이다.

 단어 그대로 한잔만 하지 않을 걸 알지만 누군가 보고 싶을 때면 또 "한잔하자."며 친구들에게 메세지를 보내고 있을 것이다.

오랜 술친구

진심이 통하는 사이

술을 마시며 새롭게 만난 친구들이 많다. 술자리를 마치고 집으로 향하던 중 친구의 연락에 갑작스레 그 일행들과 합석하는 경우도 있었고, 잘 맞을 것 같은 친구를 소개해 준다며 미리 약속을 잡는 경우도 있었다.

방법이 어찌 됐건 술자리에 친한 친구가 있고, 나 또한 술을 원하는 상황이라면 마다할 이유는 없다. 어색한 단체 모임에 초대받은 것만 아니면 어울리는 건 어렵지 않으니까. 그렇게 함께 하게 된 술자리에서 연거푸 마시다가 서로의 코드가 잘 맞는다고 판단되면 잔을 꺾는 속도는 더 빨라진다.

예전에는 속을 잘 모르겠어도 재미만 있으면 잘 맞는 것이라 생각했는데, 이제는 그렇지 않다. 낯을 가려도 속이 깊은 사람과 아무리 재밌어도 속을 모르겠는 사람은 분명 다르게 느껴진다. 술자리를 자주 가지면서 취기 속의 진심을 많이 보며 생긴 눈치가 아닐까 싶다.

"안녕하세요."
"안녕하세요. 저희 동갑이죠?"
"맞아요. 괜찮으시면 말 놓고 편하게 마실까요?"
"네. 저는 상관없어요."
"그래. 술 어떤 거 마셔?"
"소주지."

외향적인 사람을 만나면 초반부터 매끄럽게 대화가 시작된다. 나는 외향인이긴 하지만 낯을 가려서 처음부터 쉽게 반말을 제안하지는 못한다. 하지만 상대가 먼저 그 제안을 건네면 쉽게 수락하는 편이다.

자칫 불편할 수도 있는 말투지만 그 사람의 눈과 태도, 함께 하는 공기의 무게를 느끼다 보면 편한지 아닌지가 판단된다. 그 분위기가 편하다면 새벽 2시를 훌쩍 넘기기도 한다.

　그런 밤들이 지나고 나서 지금까지도 술친구로 지내고 있는 사람이 있는 반면, 그 이후로 한 번도 못 본 사람도 있다. 술자리에서'만' 좋았거나 만취하고 나서 보인 본래 성향이 나와 안 맞는다고 판단됐을 때다. 그럴 때는 굳이 만남을 이어가지 않는다.

　대학 시절이야 다른 과사람들이랑 친해지면 술 마실 사람이 많아져서 마냥 좋았다. 처음 보는 친구들과도 만취하면 당일에 도원결의를 맺을 정도였으니까. 하지만 지금은 새로운 사람과의 술자리가 좋으면 그 순간을 즐기되, 단순히 술 때문에 좋은 건지 술에 사람이 더해져서 좋은 건지 느껴보게 된다.

　현실을 충실히 살아가야 하고, 소중한 사람들과 보낼 시간을 조금의 재미 때문에 소모하기 싫기 때문이다. 예전에는 친했지만 최근에 멀어진 친구들이 많은 것도 이 이유가 대부분이다.

　20대 초중반에 친해진 친구들이 있었는데, 시간이 갈수록 각자의 성향이 강해지고 다름을 느끼며 술약속이 줄어든 경우가 있다. 술자리에서 하는 대화가 언젠가부터 이해가 가지 않고, 그저 술과 음식을 먹으며 시간을 보내는 느낌이 들었다. 순간 나와 말이 잘 통하는 사람들과의 약속을 미루고 나온 그 시간이 너무 아까웠다.

 여러 모임 중에 다툼이 있었던 친구들도 있다. 서로 쌓였던 감정들이 튀어나왔을 때인데, 서로 좋게 푸는 친구들이 있는 한편 그 상황 덕에 아예 갈라선 경우도 있다.
 사실, 말이야 취해서 나온 걸 수도 있지만 맨정신에도 서로 응어리가 쌓였을 것이다. 몇 년 전에는 서로 좋아만 했지만 시간이 갈수록 맘에 들지 않는 모습도 있어왔을 테니까. 그런 상황이라면 둘을 다시 억지로 붙여놓기도 쉽지 않다.
 술로 만나서 둘도 없는 친구가 될 때도 있지만 이렇게 술자리에서 그 사이의 끝을 맞이할 때도 있다.

 친구 사이에서는 술이 빠질 수 없다고 생각한다. 특히나 남자 둘이 카페 마감 시간까지 수다를 떠는 건 나에겐 드문 일이라서 더 그렇다.

 요즘도 술을 마시면서 좋은 사람들이 계속해서 생겨나고 있다. 친구 사이가 끝나는 건 좋지 않은 일이지만 잘 맞는 친구를 만나는 건 항상 좋은 일이다.

함께 잔을 기울이며 소중한 사람을 만나고 인연을 이어가기도 하며, 서로를 진심으로 생각하는 친구가 아니었다는 사실을 알아가기도 한다.

술은 그렇게 진정한 친구를 이어주기도 하고, 겉으로만 친했던 사이를 정리해주기도 한다.

'술친구'라는 단어가 괜히 있을까? 술친구는 단순히 술만 같이 마시는 사이가 아니라 술로 만나 오래 함께할 수 있는 사이라고 생각한다. 그만큼 서로를 잘 이해한다는 뜻일 테니.

깊은 사이라고 잠시 착각했던 친구들도 있었다. 반면에 여러 술자리를 함께 하며 오랫동안 사이를 이어가는 친구들이 있다. 진심이 통하고 거리낄 것 없는 사이. 술을 마시며 희로애락을 함께 할 수 있는 그 친구들은 나에게 없어선 안 될 존재들이다.

술로 만나고, 술 때문에 헤어지고

술과 연애

나의 연애에는 항상 술이 있었다. 연애 중뿐만 아니라 시작하기 전에도 그 자리에는 술잔이 놓여있었다.

그냥 아는 사이어서 술자리를 함께 하며 친한 사이가 됐고, 말이 잘 통하면 계속 술약속을 이어가면서 자연스럽게 연애가 시작됐다. 그렇게 만남을 시작하고 나서 데이트를 할 때에도 거의 술과 함께였다.

엄청난 말술은 아니어도 거지간히 마셨던 나였기에 힘들어했던 친구도 있었다. 솔직히 나는 술이 모자랐던 적이 많았지만 데이트 때마다 주량을 채우려 한다면 아무도 날 만나

주지 않았겠지. 물론 주량이 비슷하게 맞았던 친구도 있었
다.

"2차 어디로 갈까?"
"먹고 싶은 거 있어?"
"아니 배는 부른데, 맥주 마실 거지?"
"아니야 상관없어. 나 이제 소주도 마셔."

고맙게도 주종이 맥주였다가 나의 주종인 소주까지 넘어온
친구도 있었다. 그것 또한 서로에 대한 배려였던 것 같다.
수단만 술이지 상대가 좋아하는 것을 서로 맞춰주며 마시는
것은 각자의 취향을 존중해 주는 거니까. 존중은 주종 말고
도 다른 상황에서도 많았다.

"너라도 마셔."
"아니야. 괜찮아. 어떻게 혼자 마셔."
"진짜 한 명이라도 행복했으면 좋겠어."
"알았어. 그럼 진짜 조금만 마실게."
"응. 난 대리만족으로도 충분해."

가끔 어머니 차를 빌려 외곽 맛집을 가면 이런 상황이 벌어지곤 했다. 당일 저녁 다시 차를 반납해야 하는 상황이기에 운전을 해야 하는 난 술을 마시지 못했다. 대리를 할 수 있는 거리도 아니어서 상대방이라도 꼭 마셨으면 했다. 서울에서는 먹을 수 없는 음식. 그것도 술이 없으면 완성되지 않는 걸 잘 알기에 한 명이라도 완전한 행복을 맛보길 원했다. 그렇게 서로를 위했던 시절이 있었는데 헤어진 지 벌써 몇 년이 지났는지 모르겠다. 아무튼 술로 그렇게 끈끈해진 기억이 있다.

한창 솔로 기간이 길었을 때 소개팅을 하지 않겠다던 신념이 꺾인 적이 있다. 항상 자연스럽게 만나 술자리로 친해져 발전된 연애만 있었기에 소개팅은 꺼려질 수밖에 없었다. 하지만 주말마다 데이트를 한다던 친구들 덕에 난 항상 혼자였고, 견디기 힘들어졌다. 그렇다고 단순히 외로워서 잘 맞지도 않는 사람들과 만나고 싶진 않았다. 이런 상태가 오락가락 반복될 때였다.

"너 계속 그렇게 혼자 살 거야? 소개받아봐."
"어딘가 인연이 있지 않겠어? 소개는 잘 모르겠네."
"일단 만나나 봐. 누굴 만나기라도 해야 잘해주든 말든 할 거 아니야.”
“알았어. 너가 해주니까 믿고 만난다.”

아마도 첫 소개팅이었던 것 같다. 언젠가 있었더라도 그때
가 첫 번째로 인지된다. 왜냐면 소곱창에 소주를 진하게 마
셨기 때문이다.

“더 마실 수 있어요…? 많이 마신 것 같은데.”
“괜찮아요. 잘 들어가는데요?”

결국 그분은 취했고 택시를 잘 태워보내드렸다. 그리고 다
음 날 아침이 되자마자 주선자 친구에게 연락이 왔다.

“야. 술을 얼마나 마신 거냐?”
“어제 좀 많이 드시더라. 뭔 일 있어? 택시 태우고 잘 도착
했다고 연락도 왔는데.”
“집 도착하자마자 토 엄청 했다잖아.”
“아….”

소개팅에서 내가 놓쳤던 건 둘이 술을 처음 마신다는 것

이었다. 주량도 정확히 모르고 주사가 있는지 숙취가 심한지도 몰랐다. 처음부터 그렇게 안 맞았으니 잘 될 리가 있을까.

그 해 소개팅을 몇 번 더 했었는데 항상 술이었다. 친구들 말을 들어보면 파스타 먹고 2차로 카페를 간다던데 도저히 할 수가 없었다. 나와는 어울리지도 않았고 어색함만 더해질 것 같았다.

그 와중에 술 때문에 잘 된 적도 있었고, 반면 술 때문에 끝난 사이도 있었다. 술 템포와 안주 취향이 잘 맞았고 그 덕에 말도 잘 통해서 만났지만, 주사가 적응되지 않아 헤어지고 말았다. 술을 마시며 이런저런 주사를 겪어왔지만 내가 계속 신경 써야 하는 사람의 주사는 솔직히 감당하기 어려웠다.

또 하나의 이별 사유는 나는 술을 줄였다고 생각했는데 상대방이 바라는 건 그 이상이었던 것. 친구가 초대한 술자리에서 만났기에 술에 대한 우려가 적을 줄 알았는데 그렇지 않았다. 일주일에 서너 번에서 한두 번으로 줄이는 것마저 타협이 되지 않아 헤어졌으니까. 내가 알콜중독자도 아니고 그 친구가 알콜기피증이 있던 것도 아니었다.

술자리를 가끔 있는 이벤트로 보느냐 사람을 만날 때 흔히 있는 상황으로 보느냐의 차이었던 것 같다. 그 친구도 술로 이어졌었는데 결국 술로 헤어졌다.

연인 사이에 오로지 술만 있던 것은 아니었다.

"내일 전시 보고 카페 갈까? 가고 싶은데 생겼어."
"그래. 근처에 편집샵 새로 생긴 데 있던데 거기도 가볼까?"
"좋아. 다 보고 맛있는 거 먹으러 가자."
"그래. 맛집 좀 찾아볼게?"
"응. 나도."

전시, 카페, 여행, 영호- 등등 여러 가지 데이트를 하지만 마지막은 결국 술이긴 했다. 안 마신 적도 있지만 기억이 가물가물한 걸 보니 손에 꼽는 듯하다.

이곳저곳 다니면서 생긴 추억들이 많은데, 항상 마무리로 한잔하며 취기를 빌어 서로에 대한 솔직한 대화들도 많이 나눴었다. 맨정신에도 할 수 있지만 술자리에서만 느낄 수 있는 대화의 기류가 있다. 이게 맞았으니 서로 만나지 않았을까.

"우리 오늘은 술 가시지 말까?"
"왜?"
"만날 때마다 계속 마신 것 같아서."
"그래서 마시기 싫은 거야?"
"응. 넌 어때?"
"그런 거면 그냥 가시자."
"좋아."

친구들 중에서도 술자리를 자주 가지는 친구들과의 사이가 더 가까운데, 연인 사이는 오죽할까. 매일 포장마차와 노포를 가다 보면 못해주고 있다는 느낌이 들 때도 있다. 그래서 새로운 데이트를 시도해보려 하다가도 이내 '둘 다 좋아하는 곳인데 굳이?'라는 생각이 든다.

연인 사이에 술의 부정적인 영향이 있다면 그건 단지 술 자체나 마시는 장소의 문제가 아닐 것이다.

"친구들이랑 늦게까지 마셔도 되는데 중간에 연락 한 번 하는 게 그렇게 어려워?"
혹은
"너 어제 술 취해서 나한테 뭐라고 한지 알아?"
같은 것들.

술로 인해 드러났다 뿐이지 서로의 신뢰나 습관에 근본적인 문제가 있었던 것들이다. 술이 아니라 늦은 시간까지 친구들과 뭘 해도 연락 문제는 생기고, 술김이 아니라 홧김에도 막말은 할 수 있다.

술과 함께 좋은 연인 관계를 이어나가고 있다면 거리낄 것 없다. 그저 좋아하는 순간들을 즐기면 된다.

언제가 될지 모르겠지만 나도 누군가를 만나게 된다면 마무리는 맛집에서 소주 한잔하고 있지 않을까.

좋은 회식은 좋은 팀워크로부터

모든 회식이 팀워크를 만들진 않는다.

   회사를 다니면 대다수의 사람들이 마주하는 것은 회식이다. 상사와의 불편한 모습이 먼저 그려지는 인상, 개인 시간을 뺏어간다는 부정적인 이미지 때문에 회식 자체가 좋은 느낌을 주지는 않는다. 다만 술과 술자리를 좋아하는 사람들에게는 나쁘지만은 않다. 오히려 좋아하기도 한다.
   법인카드로 평소에 먹지 않는 음식을 먹을 수 있고, 어차피 마시려 했던 술을 공짜로 마실 수 있으니까. 그들은 의견을 내는데도 아주 적극적이다.

"우리 회식 때 뭐 먹어요?"
"근처에 깔끔한 고기집 있더라구요."
"당연히 소고기겠죠?"
"돼지고긴데….”
"그래도 회식인데 좀 좋은 거 먹으면 안 돼요? 소주 말고 와
인도 괜찮고."
"어디 괜찮은데 있어요?"
"아는 데는 너무 멀고, 같이 찾아봅시다."

업무 회의 때보다 더 활발한 모습을 보이는 팀원들. 물론
나도 그중 하나였다. 술을 좋아하는 직원들은 알아서 다양
한 2차 리스트업까지 마쳐놓는다. 그렇지 않은 직원분들은
덤덤하게 회식 날을 기다릴 뿐이다. 아마 2차는 염두에도 없
는 듯하다.

회식 날이 밝아오면 직원들은 특별한 기념일이라도 된 듯
보통 때와 다른 착장으로 출근한다. 평소와는 다른 음식을
먹는다는 기대감, 매일 업두로만 마주하던 사람들과 공식적
인 외출을 한다는 신선함. 이런 날 아니면 언제 꾸미고 출근
하냐라는 생각들로 옷을 챙겨 입고 나타난다. 거기에 고급
진 느낌의 회식 장소를 가는 날이면 다들 결혼식 하객 같은

모습을 하고 나타나기도 한다.

　퇴근 시간이 다가오면 다들 매무새를 정돈하고 회식 장소로 향할 준비를 한다. 그리고 도착한 식당. 평소 저녁이라면 소주잔이 놓여있어야 할 1차에 와인잔이 놓여있다.
　메뉴판을 열어보고 나서 주문까지는 약간의 시간이 소요된다. 값어치 있는 양식도 충분히 좋지만 아직 몸은 삼겹살에 소주를 기억하고 있어서 그런 듯하다.
　주문을 하고 음식을 먹는데 유독 어색한 테이블이 있다. 직장 상사가 있다든지 별로 안 친한 직원과 어쩔 수 없이 같이 앉았다든가 하는 테이블. 이래서 회식 때는 자리 경쟁이 치열하기도 하다. 맛있는 음식을 편하게 먹기 위해서는 테이블 멤버도 중요하기 때문이다.

"솔직히 이번엔 나 좀 편하게 먹자. 저번에 내가 희생했잖아."
"그때 양보한 게 아니라 늦게 와서 그런 거잖아."
"진짜 치사하네."

　아무리 자리를 정해봤자 어차피 물 흐르듯이 예상치 못한 자리에 앉게 된다. 본격적으로 회식에 임하는데, 이상하게 1

차에는 완벽한 포만감이 느껴지지 않고 취기도 애매하게 오른다. 입사 초반이야 적응이 되지 않아 그럴 수 있겠지만 몇 년을 다녀도, 편하게 메뉴를 시켜도 완전한 만족은 드물었던 것 같다. 그래서 2차는 필연적인 게 아닐까 싶다.

아무리 식사를 잘했어도 디저트로 마무리를 해야 하는 것처럼 술도 2차로 모자란 부분을 채워줘야 한다.

회식 1차의 메인이 미각과 분위기였다면 2차는 알콜과 흥이 메인이다.

"자, 2차 가실 분들은 이쪽으로 오세요!"
"법카 써도 된대요?"
"안 쓰면 안 가게?"
"아뇨. 그건 아닌데…."

법인카드 사용을 허가받아도 2차는 대부분 소주와 맥주로 채운다. 와인도 좋고 위스키도 좋지만 동료들과 평소에 마시던 익숙한 것들로 마무리하는 걸 선호한다.

2차에서는 대화가 정말 여러 번 바뀐다. 말장난을 치며 웃고 떠들다가도 진지한 얘기로 넘어갈 때도 있다. 업무하면서 서운했던 얘기, 회사에서 겪는 관계, 이직 같은 미래에

대한 걱정들. 물론 고민들을 털어놓는 것도 좋지만 오랜 시간 지속되다 보면 술자리가 느슨해질 수밖에 없다.

"업무 얘기 언제까지 할 거야?"

평소에 담아뒀던 넋두리와 맨정신에 말하기 어려웠던 문제들을 충분히 풀어놨을 때쯤, 주변에서는 대화주제를 바꾸려 노력한다. 어차피 이런 얘기들은 다른 술자리를 가도 득같이 반복되고, 얼마 없는 모두의 술자리에서 길어지는 게 달갑지만은 않기 때문이다. 대화가 마무리되면 슬슬 3차와 귀가의 갈림길이 나뉜다. 하지만 이상하게도 2차를 함께 한 사람들의 대부분은 3차까지 동행한다.

노래방을 가겠다는 사람들과 술집이나 가자는 사람들과의 작은 실랑이가 벌어지지만, 술을 파는 노래방에 가는 걸로 일단락된다. 그렇게 3차까지 불태우고 나면 피곤에 찌든 직장인들은 자연스레 집을 찾는다.

취한 사람들을 책임지고 보내주는 뒤처리반도 있고, 흑역사를 만드는 사람드 있다. 여자 친구와 싸우는 사람도 있고, 남자 친구가 데리러 오는 사람도 있다. 가장 평온한 사람은 1차만 딱 깔끔하게 하고 집에서 자고 있는 분일 테지만 누가 됐건 그날은 모두가 진한 추억을 남긴다.

회식에 부정, 긍정을 나누는 기준은 함께하는 사람들의 비중이 크다. 회사 카드로 아무리 맛있는 걸 먹어도 편한 분위기를 만드는 사람들이 없다면 무용지물이다.

1차만 하고 집에 가도 억지로 잡지 않고, 다음날 소외시키지도 않는다. 음식과 술에만 집중하지 않고 대화와 소통을 자유롭게 나눈다. 장소를 정할 때도 최적의 답안을 위해 협의한다. 팀워크는 잘 맞았고, 좋은 회식까지 다다랐다. 영양가 있는 회식이 팀워크를 만드는 게 아니라 좋은 팀워크가 만족스러운 회식을 만들었다.

사실 좋은 팀워크는 복권 당첨만큼이나 어렵다고 생각한다. 업무와는 별개로 사람 사이의 관계가 좋지 않을 때가 허다하니까. 그럴 때면 회식으로 팀워크를 다지려는 곳들이 있다. 하지만 회식이 화합을 이끌어내는 건 새로운 직원이 왔을 때, 어색함을 풀기 위한 목적일 때만 그나마 가능하다고 생각한다.

응어리진 사이를 풀기 위한 깊고 진지한 대화는 소수의 술자리가 더 적합하기 때문이다. 그러니 괜한 단체 회식으로 서로 불편해하지 말고, 팀워크부터 해결되면 회식을 하는 게 좋지 않을까 싶다.

일 자체가 재밌어지기는 어렵다. 사람들과 함께 하는 시간 자체를 재밌게 만드는 게 숨통을 틔우기엔 더 쉬운 방법이다. 어차피 다니는 회사, 술자리를 함께 즐길 사람이라도 있으면 나쁠 게 없으니까.

　만약 좋아질 기미가 보이지 않는다면 업무만 열심히 하던지, 이겨내던지, 그곳을 떠나길 추천한다. 밖에서 술을 가셔도 풀리지 않는 직장 불만만 토해내며 감정을 축낼 테니까.

자랑보다는 공감을

술에 대한 지식

소주를 주로 마시지만 위스키나 와인, 전통주를 안 좋아하는 건 아니다. 집에 사 놓고 편하게 마시거나 유독 끌리는 날 종종 찾곤 한다.

지인들의 추천으로 마실 때도 있는데, 그럴 때면 취하기 전에 맛을 느껴본다. 괜찮다고 판단되면 시원시원하게 없애버리는 성향 탓에 초반에는 의식이라도 한 듯 느릿하게 마신다. 계속해서 손이 가면 사진을 찍거나 메모로 저장해놓고 꼭 다시 마시겠다고 다짐한다.

　시간이 지나 술집 혹은 비틀샵에서 그 술들을 찾을 때면 앨범과 메모장을 한참 등안 뒤져본다. 친구들과 와인바에 갔을 때도 그런 상황이 있었다.

"뭘 그렇게 찾아?"
"저번에 괜찮았던 거 찍어놨었거든."
"어떤 건데?"
"화이트 와인인데 드라이했었어. 근데 레드도 상관없어."
"하나 추천해 줄까?"
"좋지. 새로운 것도 한 번 마셔보자."

　와인 이름이나 품종을 외우고 다니는 친구와 있으면 걱정이 없다. 나는 전통주 회사에서 잠시 일했던 적이 있어서 전통주를 추천하고, 친구들은 와인을 추천해 주며 서로 맛있는 술들을 공유했다. 이렇게 좋은 정보들을 편히 공유하는 친구들이 있는 반면 편치 않았던 경험도 있었다.

"너 얼마 전에 와인클래스 갔다 왔지? 드라이한 거 추천 좀 해주라."
"탄닌감 있는 거?"
"떫은 거 말하는 거지?"
"응 맞아. 그게 좋은 거야. 집에 디캔터는 있고?"
"떫은 거 말한 게 아닌데…. 디캔터 없어."
"그게 있어야 제대로 마시는 거야."

　와인에 대한 얕은 지식은 있었지만 깊게 아는 건 아니기에 조용히 듣고 있었다. 하지만 언짢은 기분은 어쩔 수 없었다. 진심으로 알려주는 게 아니라 그저 용어들을 자랑하는 느낌이었다.
　무지가 자랑은 아니지만 전문적인 '척'하는 것보다는 낫다고 생각했다. 앞으로 겸손하게 알아가면 되니까. 하지만 그 순간은 좀 편하게 말하자면 재수 없었다.

'내가 친구가 아니었어도 저렇게 설명했을까?'
'정말 와인이 좋아져서 배우러 간 게 아니고 다른 목적이 있었나?'

여러 생각을 해봐도 '나라면 그러지 않았을 텐데.'라는 생각이 컸다. 누군가 나에게 묵직한 막걸리를 추천해달라고 하면 정성스레 여러 예시를 들어서 설명해 주고, 증류주를 추천해달라고 하면 그 친구가 넘길 수 있는 도수까지 고려해서 알려줬었다.
모두가 나 같을 순 없겠지만 나와 맞지 않는 사람들은 존재했다. 반면 위스키를 함께 넘기던 다른 친구의 모습은 너무도 친근했다.

"이거 나 요새 마시는 건데 괜찮더라. 마셔봐."
"메이커스 마크? 이거 자주 보여서 궁금했는데."
"마셔봐. 향도 한 번 맡아보고."
"음. 좋은데? 달달한 것 같기도 하고. 와 근데 좀 세다."
"술 좋아한다고 좀 느끼네? 센 게 밀을 특이한 거 써서 깨운 걸 거야."
"어떻게 그렇게 잘 알아?"

"내 스타일이라 유튜브 좀 찾아봤지."

 어색함 없는 대화가 계속해서 이어지며 자연스럽게 위스키를 알아갔다. 버번위스키라는 종류가 어떻고, 향이나 재료는 어떤지에 대해.

 잘 몰랐을 때야 대충 집 진열장에서 본 로고를 기억했다 사거나 형들이 사오는 것만 마셨는데, 이젠 그렇지 않다. 각자

가 좋아하는 술들이 생기그, 그에 대한 지식도 조금씩 생기
고 있다.

그 지식은 혼자 찾아보기도 하고, 누군가에게 배우기도 한
다. 중요한 건 술을 깊게 알아가고 싶은 관심도는 함께 한
분위기와도 연관이 돼있다는 것이다.

용어나 지식을 외운지 얼마 안 된 듯 딱딱하게 내뱉던지,
자연스럽게 즐기면서 공감과 대화로 호기심을 유발하던지.
둘 다 정보를 공유하는 건 맞지만 그 대화를 나눌 때의 분위
기는 상극이다.
이 둘의 차이는 술에만 해당되는 게 아니다. 음악을 듣다가
괜찮아서 제목을 물어봤을 뿐인데, 알고 싶지 않던 정보와
거추장스러운 용어까지 주절주절 말하는 사람. 호응이 있으
면 질문과 답변을 자연스레 주고받는 사람. 나는 위스키를
알려줬던 친구와의 경험처럼 후자에게 호감이 간다.

술에 대해 진지하게 알고 싶어졌을 때에도 바디감이 어떻
고 드라이한 게 어떤 건지에 대해 시험 공부하듯 외우지 않
았다. 술을 좋아했고, 여러 술들을 자주 맛보다 보니 자연스
럽게 이해하게 되었다.

여유와 관심이 생긴다면 술에 대한 전문적인 지식을 쌓을
의향도 충분히 있다. 다만 그 시작은 끌림이고, 과정은 몰입

이며, 끝은 어우러짐일 것이다. 영혼 없이 배우거나 뽐내듯 설명하지 않겠다는 뜻이다.

 알면 알수록 즐길 수 있는 폭이 더 넓어지는 데는 공감한다. 다만 얻은 지식에만 끌려다니는 것엔 공감하지 않는다. 술과 함께 하며 얻는 자유로운 체득이 더 값지다고 생각하기에.

 술은 본인의 교양을 자랑하기 위한 수단이 아니다. 취향을 나누고 공감대를 형성하며, 더 좋은 술자리로 향하게 하는 주인공이다.

 우리는 술들이 잘 발효되고 숙성되기만을 기다리고, 즐길 준비만 하면 된다. 좋은 술을 즐길 수만 있다면 꾸밈없이 알아갈 거니까.

어디를 가느냐보다 누구랑 마시느냐

영혼 있는 술자리를 바라며

오랜만의 단체 모임에서 친한 친구들만 쏙 빠진 상황, 불편한 상사와의 저녁 식사, 어색한 친척들과의 명절 술자리. 아무리 맛있는 음식과 함께 해도 도저히 술맛이 날 수 없는 자리들이다.

어떻게든 어색하고 불편한 분위기를 타개하려 노력해 보지만 근본적인 문제는 해결되지 않는다. 자발적으로 원해서 간 자리가 아니라 어쩔 수 없는 이유로 원치 않는 술자리를 가진 상황이기 때문이다.

술기운이 올라오면 어지간히 기분이 좋아질 법도 한데 그러기도 쉽지 않다. 억지로 건배 타이밍을 맞추는 것도 힘들어서 조용히 혼자 마시기도 하고, 아예 안 마시려고도 해보지만 괜한 이목만 끄는 일이라 참고 만다. 젓가락질과 건배만 의무적으로 할 뿐이다.

그래도 그 기회로 친해질 여지가 있지 않을까란 생각을 하다가도, 친해질 거였으면 진작 친해졌을 거란 생각에 다시 마음을 접는다. 아예 처음 보는 사람들이면 알아가기라도 하겠지만, 지내온 세월 동안 서로 맞지 않는다는 걸 암묵적으로 인지한 사이일 테니.

남은 힘을 좋아하는 술자리에서 쓰기로 하고 잠시 힘을 빼놓은 채 힘겨운 시간을 보낸다.

반면 편한 동네 친구, 마음이 잘 통하는 동료, 오랜만에 봐도 어제 본 것 같은 동창들을 만나면 어딜 가든 술맛이 돈다. 심지어 마땅히 갈 곳이 없어 아무 술집에 들어가서 닭똥집을 시켜도 몇 시간이나 쉴 새 없이 떠들 수 있다.

가장 좋은 건 가고 싶던 맛집에서 함께 술을 곁들이는 것이다. 서로의 취향도 잘 알기에 한잔하자며 약속이 잡히면, 평소에 저장해놨던 맛집 리스트를 톡방에 풀어놓는다. 만약 그 맛집에 갔는데 웨이팅이 심하거나 휴무여도 상관없다.

　정말 원한다면 웨이팅도 해줄 친구들이고, 그게 아니라면 근처 유사 맛집을 가도 원조 맛집만큼이나 맛있는 분위기가 만들어지기 때문이다. 그렇기에 예상치 못한 상황이 오더라도 잠깐 당황할지언정 좌절하지 않는다.

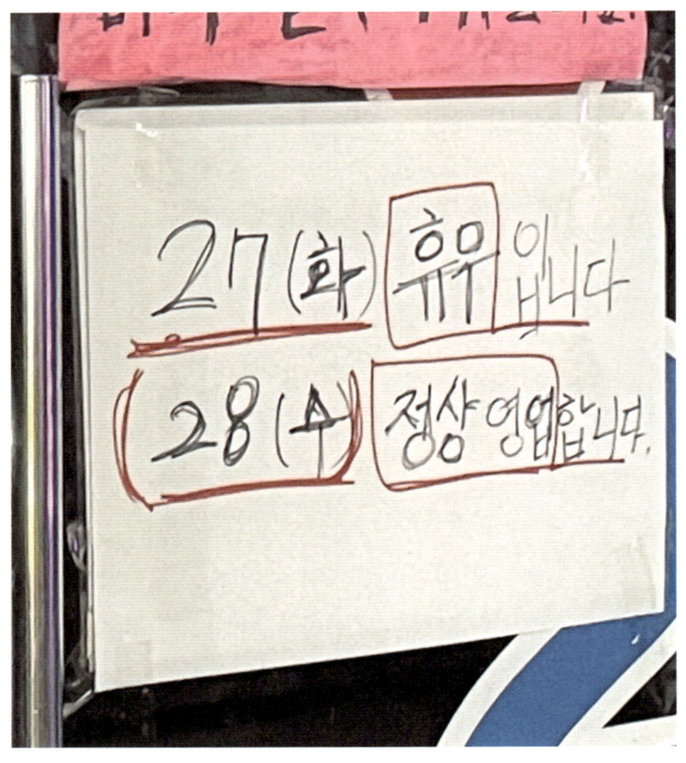

　누가 나에게 불편한 사람과 비싼 음식을 먹을 건지, 편한 사람과 아무 안주나 먹을 건지 물어본다면 무조건 후자를 고를 것이다. 비싸고 좋은 음식에 혹 할 수도 있지만 분위기가 신경 쓰여 제대로 맛을 음미하지 못하느니, 맘 편하게 쫄깃한 꼼장어 한 입에 시원한 어묵탕을 떠먹는 게 낫다.
　나는 무의미하게 술 마시는 걸 좋아하지 않는다. 의미가 있어야 한다는 건 꼭 실질적으로 얻을 것이 있어야만 술자리에 간다는 게 아니다. 적어드 생존을 위해 음식을 씹어 넣기고, 술을 용액 넘기듯이 마시기 싫다는 것이다.

　함께 하는 사람들과 작은 감정이라도 진심으로 나누거나 어떤 분위기라도 느껴야 진정한 술자리라 생각한다. 나에게 어디를 가느냐보다 '누구'랑 마시냐가 중요한 이유다. 그저 영혼 있는 술자리를 바랄 뿐이다.

술을 마주하던 순간들

또 마시면 사람도 아니다.

짐승들의 술자리

진하게 술을 마신 날, 미처 집에 돌아가지 못하는 경우는 수두룩하다. 나도 독립한 이후에 술 냄새 진동하는 친구들을 여럿 재웠다.

다음 날, 한 명씩 눈을 뜨기 시작하면 술기운이 채 빠지지 않은 쉰 목소리로 힘겹게 말을 뱉어낸다.

"죽겠다….."

"해장해야지?"

"해야지…. 내가 또 술 마시면 사람도 아니다."

숙취가 심한 친구는 집인지 병실인지 헷갈릴 정도로 앓는 소리를 낸다. 냉수를 벌컥벌컥 마시며 한참을 누워있다가 정신이 들면 본격적인 해장에 나선다.

먹는 것까지가 운동이라고 하듯 해장까지가 술자리다. 전날 술자리의 여운을 곱씹고, 숙취를 보내주는 순간이기 때문이다.

휴일 아침, 아니 아침이라고 하기에는 점심에 가까운 시간의 국밥집은 해장하려는 사람들로 인산인해를 이룬다. 그리고 초록병이 놓여 있는 테이블들이 꼭 보인다.

"이 시간에 대단들 하시다."

그 말을 할 땐 몰랐다. 우리도 대단하다는 사실을.

국물을 한 숟가락 떠먹는 순간 숙취 때문에 죽어있던 감각들이 살아나는 것을 느끼기 시작한다. 육체적인 해장은 안 되었을지언정 정신적인 해장은 해결된 듯하다. 그리고 이내 술을 보내고 싶던 상황에서 필요한 상황으로 바뀐다.

"이 국물에 소주 안 마시는 거 죄 아니야?"

“같은 생각.”

　잠에서 깨며 무심코 뱉었던 ‘또 마시면 사람도 아니다.’라는 말은 우리를 짐승들로 만들었다. 사실 이 말을 뱉는 건 숙취가 심할 때뿐만은 아니다.
　늦은 시간까지 달리고 난 다음 날 피곤에 절어 있을 때도, 술을 진탕 마시고 물건을 잃어버렸을 때도 습관처럼 뱉곤

한다. 하지만 빠르면 당일 늦어도 일주일이면 다시 술잔을 채운다.

곧 다시 마실 걸 알면서도 안 마시겠다고 하는 이유도 납득이 간다. 피곤한 오늘의 내가 늦게까지 놀던 어제의 나를 원망하고, 소지품을 잃어버린 만취한 나에 대해 자책하다 보면 자연스레 술을 멀리하고 싶어지니까. 다만 정말 술을 끊을 게 아니라면 부정적인 생각과 말만 뱉어낼 게 아니라 더 기분 좋게 마실 상황들을 만들어나가는데 집중해야 한다.

숙취가 심하면 숙취해소제와 물을 잘 챙겨 먹고, 술 마신 다음 날 피로감이 심하다면 체력을 기르거나 오전 반차를 미리 써야 한다. 물건을 자주 잃어버린다면 의식하는 습관을 들이거나 빠르게 찾는 방법들을 숙지하고 있어야 한다.

금주 선언은 언제건 뱉었다 철회할 수 있지만, 그 속에서 후회나 죄책감을 계속해서 느낀다면 술을 점점 멀리하게 될 수밖에 없다. 그렇게 서서히 술자리를 떠난 친구들도 많이 봤으니까.

지금도 계속해서 잔을 부딪히는 친구들은 아무리 거친 술자리가 지나가도 어떤 탓도 하지 않는다. 많은 경험을 통해 모든 술자리에 안정감이 생겼고, 다음날의 자신도 걱정 않는 여유가 있기 때문이다.

주변에서 또 술 마시냐고 핀잔을 줘도 나는 네 발 달린 짐승이라고 웃어넘기며 잔을 꺾을 뿐이다. 그렇게 짐승들의 술자리는 계속되고 있다.

옷 좋아하는 사람이 스타일 몇 번 맘에 안 든다고 옷을 끊지 않는다. 영화 좋아하는 사람이 별로인 작품을 봤다고 다신 영화를 찾지 않는 것도 아니다. 더 좋은 룩을 찾고, 더 좋은 작품을 찾을 것이다.

술을 좋아한다면 오늘도, 내일도, 다음주도 있을 술자리를 항상 기분 좋게 마주해 나갔으면 한다.

순간이동과 블랙아웃

만취한 자신을 감당하는 것은 만취한 자신이다.

만취 상태가 되면 마치 다른 세상에 온 듯하다.

 평소보다 많이 마신 날, 술집 밖으로 나가면 보도블럭의 경계는 무너져있다. 걷기 위해 바닥을 내려보지만 하늘과 건물들이 계속해서 교차하며 눈앞을 오간다. 눈을 감았다 뜰 때마다 바뀌는 광경들은 없던 멀미마저 만들어낸다. 여태 경험했던 어떠한 놀이기구보다 더 역동적이다.

"술 좀 깨고 가자….”
"빨리 집 갈래. 택시 잡는다.”
"포카리 마실 사람?”
"내 핸드폰 어딨어?”

 술 취한 일행들은 대화의 요소 중 듣기를 빼놓았다. 각자의 본능에 따른 집단적 독백만이 있을 뿐이다. 강한 귀소본능은 택시를 간절하게 원하고, 도저히 버틸 수 없는 갈증과 취기는 이온음료를 원한다. 이렇게 각자가 원하는 목표를 향해 집착하고 나아간다.

 나는 취하면 귀소본능이 살아나는 편이다. 막차가 끊길 때까지 마시면 어떻게든 택시를 잡으려 애쓴다. 잡히지 않아도 잡힐 때까지 집 방향으로 계속해서 걷는다.

 중력은 유지되고 있지만 땅은 계속해서 빙글빙글 돌아간다. 팔을 벌려 중심을 잡으려 노력해 보고, 다리에 힘을 줘봐도 돌아가는 속도를 이길 수 없다. 그저 비틀거리며 나아갈 뿐.
 그래도 노력은 배신하지 않는다. 한참을 헤맸지만 결국 택시에 몸을 싣는다. 잠을 잘 못 자는 편인데도 취한 채로 탄

택시에서는 곧바로 잠이 든다.

"손님 다 왔어요. 손님!"

아마 어머니 다음으로 나를 많이 깨운 사람은 택시기사님
들일 것이다. 택시에서 내려 현관 앞에 도착하면 비밀번호
와의 사투가 시작된다 분명 머리는 기억하고 있는데 손가

락은 그렇지 않다. 손가락 끝에 온 집중을 끌어모아 겨우 들어간 집.

옷과 짐을 대충 풀어헤치고 침대에 몸을 던진다. 불을 끄고 눈을 감아도 세상이 빙빙 도는 느낌은 여전하다. 그것도 잠시, 술기운에 노곤해진 나는 금세 잠이 든다.

다음날 아침, 제대로 치지 않은 커튼 덕에 잠에서 깬다. 살짝 어색한 분위기를 느끼지만 원래 지내던 방이 맞다. 그리고 술냄새와 함께 생각에 잠긴다.

'집에 어떻게 온 거지?'

만취한 나는 상황들을 세세하게도 묘사했지만 다음 날의 나는 기억하지 못한다. 나의 행적을 찾기 위해 술자리를 함께한 친구에게 전화를 건다.

"일어났어?"
"어 방금. 근데 나 집에 어떻게 왔어?"

내가 물어보고 싶었던 걸 나에게 묻고 있는 친구다. 어찌됐건 잃어버린 것 하나 없이 집에 잘 도착했으면 그걸로 됐다. 그렇게 안심하다가도 실수한 게 있는지 다시 기억을 되짚어본다.

아무리 노력해 봐도 3차 중간부터 기억이 나지 않는다. 그리고 흩어진 조각처럼 택시를 잡으려 노력하던 장면과 비밀번호 누르는 소리가 어렴풋이 떠오른다. 집에 오는 과정도 기억이 안 나는 걸 보면 순간이동이라도 한 듯하다.

비슷한 상황은 이전에도 있었다. 만취했는데도 불구하고 버스를 탔을 때였다. 눈을 감았다 뜰 때마다 바깥의 풍경은 바뀌어있었다. 결국 마지막 눈을 감았다 떴을 때에는 버스 종점이었다. 만취한 상터에서 눈을 감았다 뜨면 순간이동을 할 수 있는 능력이라도 생긴 것 같았다.

이런 경험들을 하고 나면 콘능적으로 이러면 안 된다는 것을 깨닫는다. 기분 좋은 술자리의 끝을 후회로 마무리하고 싶지 않았다.

그 사실을 항상 인지하고 있었다. 모든 상황을 기억하고, 집에 제대로 가는 것. 하지만 술은 그대로 마셨다. 취하지 않으면 취했을 때의 버릇을 고치지 못하니까.

그렇게 살아오다 보니 이제는 취해도 집에 조심히 들어가서 씻고 잠옷까지 갈아입고 잔다. 안 좋은 버릇이 고쳐지면서 주량이 늘어난 것은 덤이었다.

 아직도 집에 제대로 가지 못하고, 기억을 통으로 날리는 친구들이 있다. 보너스로 물건을 잃어버리기도 한다. 그래도 요즘은 술약속이 있으면 비싼 물건은 안 가져오고, 자신의 집 주소를 미리 공유한다. 이런 노력들이 하나둘씩 생기는 걸 보면 이제 곧 괜찮아지지 않을까 싶다.

여기서 내가 할 수 있는 노력은 술을 천천히 마시라며 '권장'하는 것 밖에 없다. 절다 강요는 하지 않는다. 절제하며 마시면 즐거운 술자리가 되지 않을 것이고, 그들도 그걸 원하지 않는다. 그리고 내가 그랬듯 취했을 때의 자신을 감당해야 한다.

만취 상태는 맨정신일 때와 같을 수 없다. 취하려고 술을 마시는 것이고, 그 분위기를 즐기려 술자리를 가는 것이다. 거기까진 전혀 문제가 없다. 그저 나와 술자리를 함께 한 사람들이 아무 탈 없길 바랄 뿐이다.
 말은 이렇게 하고 있지만, 거리에서 친구들과 빙빙 도는 나를 발견할 수도 있다. 아무렴 어떨까. 그것도 술자리 추억 중 하나인데.

배려와 눈치 그 사이

눈치껏 다른 술집을 가는 배려

풍족하진 않지만 사회에 나오며 씀씀이가 달라졌다. 대학 시절 아르바이트를 하며 한 주 벌어 한 주 쓰던 때와는 확실히 차이가 있다. 어묵을 먹으며 꼬치 갯 수를 세지 않고, 아무리 배가 고파도 무한리필을 찾아다니지 않는다.

라이프스타일은 바뀌었지만 한결같은 것도 있다. 바로 술을 마신다는 것. 그 자체는 변하지 않은 게 분명한데, 술자리에 대한 태도 중 변한 부분도 있다.

"저기 가서 마실래?"

"대학생들 가는 술집 아니야?"

"그런가? 다른데 가자 그럼. 술집 많은데 뭐."

사회생활을 하며 다들 조금씩 변해가고 있었다. 대학가의 시끌벅적한 술집을 들어가는 걸 꺼려하고, 자신도 모르는 새 선을 그어가고 있었다. 그리고 그 선은 배려와 눈치 그 사이 어딘가에 존재했다.

어차피 우리 돈으로 사 먹는 술과 음식이지만 그곳의 분위기에 어울리지 못할 거라면 굳이 가지 않았다. 더 정확히 말하면 우리가 그 술집의 분위기와 맞지 않았다. 눈치 안 보고 '뭐 어때?'하고 들어갈 수도 있겠지만, 다른 상황들을 생각해 보면 마음이 달라진다.

별로 친하지도 않은데 유독 회식 날 끝까지 함께 하는 직장상사, 얼어 있는 후배들 테이블에 눈치 없이 껴있는 졸업한 선배.
누구와든 술을 잘 마실 자신은 있지만, 그와 별개로 시원하게 계산하고 편하게 놀라며 집에 가는 직장 상사가 멋있어 보였고, 후배들과 인사만 나누고 다른 테이블에서 동기들과 추억을 나누는 선배들이 보기 좋았다.

사실 굳이 그러지 않아도 함께 하고 싶은 상사와 선배들도 있었다. 단지 그들은 눈치를 본 게 아니라 배려를 해준 것이었다.

서로 유대가 있거나 친밀감이 있다면 함께하는데 이의는 없다. 다만 아는 사람도 없는 대학가의 술집에서 그럴 확률은 현저히 낮다. 더군다나 술게임을 하는 테이블들 사이에서 진지한 얘기를 하고 싶지도 않았고, 과잠바를 입은 학생들 사이에서 정장 입은 친구라도 함께 한다면 이질감이 느껴질 수밖에 없었다. 누가 뭐라고 한 것도 아닌데, 이런저런 이유들로 아저씨들은 배려한답시고 눈치껏 다른 곳으로 향한다.

대학가에 있는 유명한 맛집, 모교 단골 술집을 가는 것 정도는 눈치 보지 않는다. 하지만 술집 입구까지 넘치는 흥에 맞출 수 없거나, 가성비가 좋은 곳에 줄 서있는 학생들을 보면 배려를 한다.

반대로 요즘 자주 가는 노포들에서는 전혀 눈치를 보지 않는다. 오히려 우리보다 훨씬 단골이었던 중장년분들의 놀이터를 뺏는 게 아닌가라는 생각도 든다. 하지만 그런 눈치는 전혀 보이지 않고, 젊은 양반들 테이블에 반찬 좀 더 주라는 정에 감동할 뿐이다.

가끔 배려가 과한 게 아닌가란 생각이 들다가도 노포의 아줌마, 아저씨들 같은 넉살을 가지려면 이게 맞다는 결론을 내린다.

예전과는 다르게 갈 곳은 많아졌고, 즐길 거리도 많아졌다.

몇 년을 돌아다니며 알게 된 곳들도 많다. 배려할 수 있는 조건은 충분히 갖추었다. 그래서 눈치라면 눈치지만 배려라 생각하고 계속해 나갈 생각이다. 그렇게 살아도 꽤 좋은 술자리들을 경험하고 있으니까.

모든 게 끝난 밤에

모자란 취기를 홀로 이어가며

오래된 곱창집은 술을 넘기기에 최적의 장소다. 어머님들이 직접 무쳐주시는 반찬과 노련하게 구워주시는 곱창에 사람들의 발길은 끊이지 않는다.

곱이 꽉 들어찬 소곱창과 고소한 기름기가 가득한 대창은 입 안을 풍요롭게 만든다. 그때 마시는 소주 한 잔은 느끼함을 잡으며 식도로 깔끔하게 넘어간다.

볶음밥까지 야무지게 먹으며 곱창의 시간이 끝나갈 무렵, 다들 서서히 취기가 올라오기 시작한다.

　기분 좋은 포만감과 약간의 알딸딸함은 2차로 가는 길을 가볍게 만든다. 실내포차에 도착하면 각자 원하는 주종과 안주를 주문한다. 이제부터는 주량에 따라 잔을 꺾는 속도가 달라진다.

　술을 못 마시는 친구는 맥주 한잔으로 30분을 보내기도 한다. 김이 다 빠져 보리차와 구분이 안 갈 정도지만 기분은 좋아 보인다. 그쯤 되면 술보다 술자리에서 오가는 대화를 즐기고 있는 것이다.

함께 소주를 마시던 친구도 조금씩 밑잔을 깔기 시작한다. 장난식으로 눈치 주는 시늉을 하지만 부조리 가득한 선배가 아닌 그저 친구이기에 가볍게 무시당한다.

"밑잔 까는 건가? 안 마시냐?"
"니가 뭔데?"

취기가 부족해 술의 양과 속도를 높여본다. 단지 더 취하고 싶어서 한 행동들인데 착한 친구들은 계속해서 건배를 해준다.

"억지로 마시지 마."
"알아서 할게. 짠이나 하자."

취해갈수록 잔을 들지 않는 친구들이 늘어나지만, 계속해서 잔을 부딪혀주는 친구도 있다. 고마운 마음이다. 다만 문제는 그렇게 건배만 해주는 게 아니라 술도 조금씩 같이 마셔준다는 것. 그렇게 그 친구는 먼저 만취의 길목에 다다랐다.

나도 따라가겠다며 잔을 가득 채워 속도를 올려본다. 그렇게 잔을 꺾길 몇 번, 슬슬 취한 나를 마주한다. 기분은 좋아

지고 계속해서 술을 들이켠다. 대화가 재밌어서 한 잔, 친구
의 한탄을 들어주며 한 잔, 안주가 맛있으면 또 한 잔.

한창 신날 때쯤 2차를 마무리할 시간도 빠르게 다가온다.
취해서 술을 더 이상 못 마시거나 집에 갈 시간이 된 친구들

은 하나둘씩 떠나간다. 술자리는 억지로 있으면 서로 좋지 않다는 신념 때문에 아쉬워도 시원하게 보내준다. 그리고 최후의 일행들이 남는다.

이미 취했지만 술을 더 원하는 친구, 술은 잘 못 마셔도 술자리를 더 즐기고 싶은 친구, 3차로 가고 싶던 술집이 있던 친구. 이유가 어찌 됐건 함께할 수 있는 사람들이 있다는 사실이 반가울 뿐이다.

잠정적으로 택시로 귀가하겠다는 마음을 가지고 3차로 향한다. 이미 인사불성이 된 친구를 구석에 기대놓고, 취한 이들과 계속해서 마신다. 그러길 잠시, 더 이상 술자리를 이어가지 못할 거란 판단을 내린다.

대화는 통하지 않고 모두의 안전을 보장하기 힘든 상황이 예상되면 서둘러 택시에 태워 보낸다. 애매하게 지난 막차 시간이 아쉽지만 어쩔 수 없음을 인정하고 나 또한 택시에 몸을 싣는다.

주량이 맞는 친구들과 술자리를 끝내고 나면 집에 가서 씻고 자기 바쁘다. 그게 아니라면 집에 가는 길은 허전함과 함께 한다. 그럴 때면 '그 상태로 그냥 자느냐', '어떻게든 더 마시냐' 두 가지의 갈림길 앞에 선다.

 무리하지 말고 잠자리에 들 생각도 잠시 해본다. 하지만 이미 만취에 내 호르몬이 맞춰져 있는 날이다.

 만약 퇴근 후 평소 먹고 싶던 바비큐를 먹기로 했는데. 재료 소진으로 먹지 못한다면 그 허탈감은 다른 음식으로 채울 수 없다. 같은 고기라도 삼겹살집을 가거나 보쌈집을 가도 만족이 되지 않는다. 왜냐면 그날은 바비큐를 먹는데 모든 신경이 맞춰져 있기 때문이다.

 나도 바비큐를 먹어야 하는 날처럼 기분 좋게 만취해서 늘어지고 싶은 날이었다. 영화를 보거나 잠을 늘어지게 자는 건 대체될 수 없다. 모자란 취기는 다른 술자리로 가거나 혼자 채워야만 했다. 운이 좋아서 근처에 지인들이 술을 마시고 있다면 가겠지만 그런 상황은 쉽게 벌어지지 않는다.

 택시에서 내려 집 근처 술집이라도 가보려 하지만 마감시간은 얼마 남지 않았고, 동네 친구들도 잠들어버렸다. 어쩔 수 없이 홀로 편의점으로 향한다. 술과 간단한 주전부리가

든 봉투를 덜렁거리며 집으로 향한다. 뭐라도 보면서 마실까 생각하다가도 원래 목적이었던 술기운 자체를 즐기기로 한다.

홀로 술을 마시는 시간엔 여느 때처럼 이런저런 생각을 이어간다. 취기 속에서 벌어지는 사색은 그 어떤 자기개발서보다 좋다. 그렇게 혼자 청승을 떨다 가까스로 양치와 세수만 한 채 잠이 든다.

누군가는 술을 잘 마시면 대단하게 보기도 한다. 잘 안 취해서 사고 칠 확률이 낮은 것, 숙취가 적은 것을 부러워하기도 한다. 동의하는 부분이지만 그 뒤에는 아쉬운 시간들도 있다.

술자리 자체를 즐긴 것만으로도 좋았지만 내가 원했던 상태로 끝맺음이 되지 않은 것에 대한 아쉬움. 한참을 신나있다가 마지막에 김이 빠지는 느낌도 든다.

굳이 그렇게까지 취해야 하냐는 사람도 있다.

'절제하고 그 시간에 다른 걸 하는 게 낫지 않냐.'
'알콜중독자냐. 적당히 마셔라.'

여러 의견들은 날 생각해서 하는 말이라 존중은 한다. 하지만 매번 나와 박자를 맞추지 않고, 혼자만 취하거나 홀랑 집으로 떠나버리는 사람들이 이런 말을 한다.

나는 매 끼니 술을 챙기는 사람도, 술 말고 아무것도 하지 못하는 사람도 아니다. 술을 좋아하고 남 걱정 안 시킬 정도의 주량을 갖고 있는 사람일 뿐이다.

모두가 술 마시는 속도와 양이 같다면 좋겠지만 그렇지 않다. 가끔은 나도 한 병만 마셔도 취했으면 하는 생각도 해본다. 괜한 오해를 듣는 것도 지겹고, 애매한 밤중에 술이 담긴 봉투를 들고 집에 가는 것도 달갑지 않다.

취하고 싶을 때 취하지 못하는 것도 힘들다. 그렇다고 한 병을 원샷하면서까지 억지로 취기를 불러오고 싶지도 않다. 그렇기에 다음에는 내가 얼마나 더 빨리, 더 많이 마셔야 함께 비슷한 상태로 즐길 수 있을지 고민해 본 적도 있다.

후레쉬 대신 오리지널을 시켜서 마시기도 하고, 잔을 더 많이 채워보기도 했다. 그런 노력들이 있어도 주량 자체가 다르면 드라마틱한 효과는 없다. 이런 순탄치 않은 상황을 대비해 집에 맛있는 술을 사놓기도 한다. 좋은 술자리를 보냈고 맛있게 술을 마셨는데, 아쉬움으로 밤을 마무리하고 싶진 않으니까.

　좋아하는 술을 잔에 따라 홀짝거리며 부족했던 만족감을 채워간다. 그렇게 모든 게 끝난 밤을 나는 계속 이어나간다.

마음의 안식처

단골 술집

이사를 오고 나서 처음으로 단골 술집이 생겼다. 원래 이 동네에서 살던 형이 데려가준 곳인데, 포장마차에서 시작해 실내포차로 확장한 꽤 오래된 곳이었다. SNS에서 유명하진 않았지만 안주도 맛있고, 사장님과 주방에 계신 어머님 모두 친절한 술집이었다.

첫인상이 좋아서 그날 이후로도 날 데려간 형과 자주 찾았다. 방문 횟수가 늘어가면서 맛과 친절뿐만 아니라 그곳의 분위기까지 좋아하게 됐다. 그래서 친구들이 놀러 오면 항상 그곳에 데려가곤 했다.

이쯤 되니 속으로 '이 정도면 단골인 건가?'라는 생각을 했다. 그러길 몇 달, 조금 늦은 시간에 아는 동생과 그 술집을 간 적이 있는데 평일 밤이라 그런지 손님이 없었다.

"혹시 영업 끝났나요?"
"아니에요. 들어오세요. 괜찮아요."
"괜찮으신 거 맞죠?"
"네 그럼요. 매번 오시면서."

혼자 속으로만 단골인 줄 알았는데, '매번 오시면서.'라는 말을 듣고 정말 단골이 된 것 같았다. 오가는 손님들이 많아서 잊혀졌을 거라 생각했는데 그 반대여서 왠지 모르게 기분이 좋았다.

마음이 편해지고 나니 소주를 알아서 가져오는 경우가 벨을 눌러 주문할 때보다 많아졌다. 보통 나이 드신 사장님 혼자 운영하시는 노포나 혼잡한 포장마차에서만 그렇게 하는데, 자연스럽게 직접 가져오게 됐다.
나름 좋아하는 안주도 생기고 나를 알아보신다는 안정감 때문에 더 편하게, 자주 찾게 됐다. 그런 상황이 이어지면서 그 술집은 나에게 안식처처럼 느껴졌다.

다양한 안주와 사이드까지 있는 메뉴를 거의 다 먹어봤을 때쯤, 원치 않게 소홀해진 적이 있다. 처음 그곳에 함께 갔던 형도 바빠졌고 기사 온 지 꽤 지나서 지인들의 왕래도 뜸해졌을 때였다.

이런 것도 잠깐이고 얼마 안 가서 또 가겠지라고 생각했다. 하지만 그 상황은 생각보다 오래 지속돼서 술약속을 잡을 때, 내가 아는 단골 술집에 가자고 제안해보기도 했다. 하지만 이 동네의 단점은 서울 중심부가 아니라서 친구들이 잘 오려하지 않는다는 것이다. 어쩔 수 없이 다음을 기약했다.

시간이 꽤 지나 약속도 없고 혼자만의 시간을 많이 가질 때였다. 술을 마시고 싶어서 혼자서 종종 찾는 다찌 자리가 있는 꼬치집을 가려 했다. 그러던 중 문득 단골 술집이 떠올랐다.

그곳은 원형의 철제 테이블만 있고 혼자 오는 사람이 거의 없어서 혼술을 할 때는 선택지에 없었다. 서너 명, 많지는 대여섯 명이 둘러앉아 시끌벅적 대화를 나누기에 적합한 곳이었다.

그래도 사장님이 날 아시기도 하고, 그곳에 가면 항상 마음이 편했던 걸 떠올려보면 혼자 가도 괜찮을 거라 생각했다.

다만 하나 걸렸던 건 여러 명 받을 수 있는 테이블에 나 혼자 있는 게 민폐는 아닐까 하는 것이었다.

고민을 하다 시간을 보니 손님들이 조금씩 바지기 시작할 시간이었다. 게다가 나 혼자 적어도 두 명 몫은 할 자신이 있었기에 그 술집으로 향했다.

"안녕하세요. 저 한 명이요."
"아~ 네. 오셨구나. 편한데 앉으세요."

안식처는 안식처였다. '오셨구나.'라는 한마디가 그렇게 반가울 수 없었다. 아마 카페를 자주 가는 사람들이 직원분에게 '오늘도 같은 걸로 드릴까요?'라는 말을 들으면 이런 기분이지 않을까 싶었다.

자리를 잡고 항상 그랬듯 냉장고에서 잔과 술을 챙겨왔다. 안주가 나오고 잔을 기울이며 홀로 생각에 잠겨보기도 하고, 핸드폰을 만지작거리기도 했다. 그러다 잠시 TV에 눈을 돌렸다. 마침 그때 하던 프로그램이 재밌어서 나도 모르게 빠져들었다.

몇 분이 지났는지도 모를 때쯤 술집에는 커플, 아저씨 두

분, 그리고 나만 남아있었다. 그때 주방에서 나온 사장님은
TV에 열중하는 나를 보셨는지 조용히 볼륨을 높여주셨다.

단골이면 서비스를 챙겨주는 곳도 있었고 양을 많이 주는
곳도 있었다. 하지만 이번 단골 술집은 다른 느낌이었다.

나는 남들에게 빚지는 걸 안 좋아하고, 요란하게 술을 마시는 편도 아니라서 자주 가도 부담스러운 곳이 있었다. 하지만 이곳은 내 성향과 잘 맞았다. 그저 알고 있다는 인사말, 술을 직접 가져가서 감사하다는 말, 조용히 높여주시는 TV 볼륨까지.

단골 술집이 있는 사람들은 저마다 이유가 있을 것이다. 음식이 맛있거나 서비스를 잘 주시거나 사장님이 살가우시다던지 하는 것들. 이유야 다 다르겠지만 다시 찾고 싶은 자신만의 단골집 취향이 있다.

반대로 재방문하고 싶지 않은 이유도 존재한다. 아무리 맛있어도 불친절하면 가지 않고, 서비스를 많이 줘도 술집 분위기가 맘에 안 들면 자주 찾지 않는 것처럼.

나는 음식만 맛있고 불편하지만 않으면 된다고 생각했는데 아니었다. 이번 단골집처럼 대놓고 티를 내지 않아도 마음이 편해지는 곳을 접하고 나서 알았다.

물론 언제 가도 편하고, 날 반겨주는 곳은 이전에도 있었지만 이렇게 부담 없이 편안한 곳이 있었나 싶다. 편해지려 하면 욕심을 부리는 곳도 있었고, 친해졌다 싶으면 조금 비위생적이어도 이해할 거라 생각하는 곳도 있었으니까.

직접 겪어보니 무엇보다 나와 단골집 사장님의 성향이 잘
맞는 게 중요하지 않나 싶다. 요즘 찾는 마음의 안식처처럼.

술은 저마다의 기억을 남기고

그렇게 느끼한 와인은 처음이었다.

그다음은 담백했고, 깊었고, 시원했다.

몇 년 전, 친구의 지인들과 함께 하는 모임에 초대받은 적이 있다. 알려준 장소를 검색해 보니 화려한 조명과 반짝이는 대리석 테이블들이 찬란하게 빛을 수놓고 있는 곳이었다.

'찬란하다.'라는 말을 실제로 잘 쓰지 않는 이유처럼 나에게는 낯간지러운 분위기의 장소였다. 검색을 끝내고 마치 결혼식이라도 가듯 대충 다린 자켓과 미끄러운 감촉이 어색한 슬랙스를 함께 갖춰 입었다. 머리엔 모자 대신 하얀 왁스를 뭉치지 않을 정도로 펴 바르고 약속 장소로 향했다.

그곳에 도착해서 본 사람들의 첫인상은 좋았고, 다행히 익숙한 얼굴들도 보였다. 낯간지러울 거라는 우려와는 다르게 편할 수도 있겠다는 생각이 들었다.

사진에서 본 대리석 테이블 위에 샐러드, 파스타, 스테이크가 순서대로 올라왔다. 곧 다들 와인잔을 채우고 식사를 시

작했다. 더 편한 분위기를 위해 처음 본 분들과 대화를 트려는 시도도 함께.

"양갈비 스테이크 맛있지 않아요?"
"그쵸? 저거 한 조각 남았는데 드세요!"

대화를 이어가려는 의도로 말했고 그분도 배려하려는 의도였겠지만, 나는 그저 양갈비를 탐하는 사람이 된 것 같았다. 그 순간 나는 8명이서 먹는 단 두 접시의 양갈비 스테이크가 아니라 양꼬치집에서 파는 양갈비를 맘껏 먹고 싶어졌다.

물론 다른 음식들도 많았고, 모든 게 다 맛있었는데도 마음은 혼자 먹느니만 못했다. 사람을 좋아하는 성격인데도 그 당시는 모든 게 어색했다. 그리고 무엇보다 불편했던 건 서먹할 때마다 홀짝거리는 와인 한 모금. 그 모습을 알아차렸는지 날 초대한 친구가 물어왔다.

"너 오늘은 술 천천히 마신다?"
"이런 건 음미 좀 해줘야지."
"괜히 어색해서 그러는 거 아니고?"

정확했다. 그렇게 느끼한 와인은 처음이었다. 깨작거리는 포크질, 낯간지러운 분위기, 자연스럽지 못한 대화 속에서 옹졸하게 마시는 와인. 그리고 잔 안으로 비치는 입맞춤하는 듯한 내 입모양까지. 와인의 맛이 느끼했을 리가 없는데 그 당시에는 모든 게 느끼했다.

사람, 인테리어, 음식. 개별적으로 보면 다 괜찮았지만 전체적으로 봤을 땐 나와 맞지 않았다. 그 경험은 불편한 기억으로 남았고, 한동안 와인을 멀리했다.

그 후 시간이 지나 와인에 대한 느끼함을 가시게 된 계기가 있었다. 전 직장 상사분과 오랜만에 만나 연어회에 소주를 곁들이고, 2차를 와인바로 정했을 때였다.

이미 소주로 마음이 풀어져 있을 때라 와인에 대한 경계도 풀린 상태였다. 밤공기를 맡으며 30분을 걸어 해방촌에 위치한 와인바에 도착했다. 어느 정도 소화도 됐겠다 바로 와인을 주문하고 창밖 풍경을 감상했다. 그렇게 남산타워 아래 수 놓인 불빛들을 보며 둘이서 15분 만에 와인 한 병을 해치웠다.

걸어간 것의 절반 밖에 안되는 시간이었지만 그동안 천천히 향과 맛을 느껴보기도 하고, 벌컥벌컥 마시며 목 넘김도 즐겨보았다. 잔에 찔끔 따라 보기도 하고 절반이 넘게 콸콸 따라 보기도 했다. 대화도 잘 통했고 야경은 아름다웠으며 와인병은 늘어갔다. 그렇게 겉치레 없이 하고 싶은 방식대로 와인을 마시는 순간은 우리가 마시던 드라이한 와인처럼 담백했다.

다시 와인을 좋아하게 되면서 여러 형태로 와인을 즐기기 시작했다.

영화를 보고 와인에 꽂힌 적이 있다. 마트나 편의점을 애용했을 때였음에도 불구하고 내 술값의 대부분이 와인으로 나갔을 시절이었다.
'퐁네프의 연인들'이라는 프랑스 영화를 보고 나서였는데, 주인공은 항상 와인을 병나발로 마셨다. 얼마나 몰입했던지 영화가 끝나자마자 편의점으로 달려가 와인 한 병을 사와서 바로 병나발을 불 정도였다.
보통은 천천히 향과 맛을 음미하지만 병째로 마실 땐 그 여운 깊었던 영화의 여운을 음미했다. 아직도 그렇게 마실 때가 종종 있는데 그 와인은 맛을 느끼려 노력하지 않아도 깊었다.

와인에 심취하기 시작할 때쯤 루프탑 전체를 빌려서 작은 파티를 한 적이 있다. 그곳엔 처음 보는 분들도 있었고 친한 사람들도 있었다. 예전 와인이 느끼했던 순간을 떠올려 보면 장소와 사람들만 바뀐 비슷한 상황이었다. 하지만 전혀 느끼하지 않았다.

10명 안팎의 사람들이 모두 어색함을 느끼지 않았고, 쉴 새 없이 잔을 부딪혔다. 안주도 각자 먹고 싶은 음식을 편하게 배달로 준비했다. 답답한 상황도 없었기에 그저 웃고 떠들며 배 터질 때까지 먹었다.

호스트가 맛있다며 특별하게 공수해온 와인이 박스째로 있었는데, 그 덕에 술 마시는 템포와 대화의 흐름은 막힘이 없었다. 분위기가 좋은 것과 잘 맞는 것의 차이가 느껴지는 순간이었다. 그 루프탑에서의 밤과 함께한 와인은 유독 시원했다.

20대 초중반까지만 해도 와인과 가까워지기 어려웠다. 잘 취하지도 않았고 바에 가면 비싸서 맘껏 마시지도 못했다. 온갖 미디어에서는 격식 있는 자리를 연출할 때 죄다 와인을 가져다 놓았다. 그렇게 불편한 술로만 인지됐다.

요즘은 괜찮은 바틀샵도 많고, 격식 있는 자리가 아니어도 편하게 마실 수 있다. 그러다 보니 전처럼 찔끔찔끔 마시며 '이건 취하려고 마시는 게 아니라 맛만 보려고 마시는 건가?'라고 생각했던 시절도 오해로 남게 됐다. 그렇게 와인과 가까워졌고 나만의 방식대로 즐기게 되었다.

 남들이 보여주던 이미지나 규칙이 아니라 각자의 취향대로 와인을 마신다면 자신에 맞게 녹아들 수 있다. 와인뿐만 아니라 모든 술이 그렇다고 생각한다. 와인이 내게 딱딱하고 느끼하기만 한 술이 아니라 담백하고 시원할 수도 있는 술이 된 것처럼.

인생이 쓰면 소주는 달다.

처음은 낯설었지만 지금은 가장 친근한

주종을 가리지 않는다. 그래서 그날의 기분과 환경에 따라 끌리는 술을 마시곤 한다. 하지만 이러나저러나 가장 많이 마시는 건 소주다.

원래 소주를 선호하는 편은 아니었다. 처음 접했을 때의 느낌이 좋지 않았기 때문이다. 맛은 썼고, 냄새는 역했다. 반 병만 마셔도 토할 것 같았다.
그래서 대학 시절 초반은 거의 소맥과 함께였다. 소주 특유의 냄새를 희석시켜 주고, 맥주만 마실 때보다는 취기가 잘 올라왔다.

 소맥을 마시면서도 소주에 대한 욕구는 늘 있었다. 고기집이나 국밥집에 가면 다들 너무 맛깔나게 마시는 걸 봐왔기 때문이다.

'쭙' '꼴깍' '캬아'

 잔에 입을 맞출 때 소주가 입안으로 빨려 들어가는 소리, 목구멍을 깔끔하게 넘어가는 소리, 삼킨 후 나오는 시원한 소리까지.
 마치 자장면 비비는 소리, 바삭한 치킨을 베어 먹는 소리를 들으면 먹고 싶어지듯 소주도 마찬가지였다. 그렇게 맛있어 보이는 소주를 받아들이지 못한 게 원망스러울 뿐이었다.
 답답한 나머지 소주를 잘 다시는 친구에게 물은 적이 있다.

"너는 소주가 맛있어?"
"별 느낌 없을 때도 있는데 가끔 단맛 날 때도 있어."
"소주가 달다고? 처음부터 그걸 느꼈어?"
"그냥 마시다 보니까?"

처음에는 그 친구의 말을 믿지 않았다. 하지만 거짓말처럼 소주가 달게 느껴진 적이 있었다. 입대하기 전 술을 매일 같이 마실 때였다. 그때도 주로 소맥을 마셨지만 생맥주 2000cc를 시키기 애매한 상황이 오면 소주로 마무리를 했다. 계속해서 그렇게 마시다 보니 쓴맛이 덜해졌고 어느 순간 처음으로 단맛을 느꼈다.

"뭐지?"
"왜?"
"소주가 달아."
"무슨 소리야. 다시 마셔봐."
"그래도 단데?"

그날 술집의 소주 상태가 좋았는지 술을 매일 마셔서 감각이 이상해진 건지 원인은 알 수 없었다. 제조원이 다르면 단맛이 느껴질 수 있다는 말도 있지만 그건 중요하지 않았다. 그렇게 편히 마시고 싶던 소주가 처음으로 잘 받았다는 게 중요했다.

그 이후로 서서히 소맥보다 소주를 찾게 되었다. 알 수 없던 평양냉면의 맛을 알게 되고, 화장품 맛 같던 고수를 쌀국수에 한 접시를 때려 넣게 된 것처럼 소주를 즐겨 마시게 됐

다.

 소주는 직장인이 되어서도 여전히 함께였다. 대학 동기들은 첫 직장에서 힘들었던 날이면 늘 모여서 소주잔을 기울였다. 물론 아직도 소주에 적응하지 못한 친구는 있었다.

 "회사는 적응이 될 것 같기도 한데 소주는 아직도 적응이 안 되네."
"인생이 달아서 소주가 쓴 거야. 아직 고생 덜했네."
"웃기고 있네."

 소주를 잘 마시는 친구들은 항상 이런 대사를 달고 산다. 물론 인생과 소주가 크게 연관이 없는 사람들도 있다. 나를 비롯해 소주가 달다는 사람들은 그 대사에 동의하지만.

 직장에서 치인 날, 헤어진 날, 유독 고됐던 날처럼 쓴 날의 끝엔 늘 단맛의 소주가 기다리고 있었다. 다른 술들보다 소주가 끌리는 날들이었다.
 잔을 부딪히며 한탄하고, 술을 넘기며 고단함을 잊었다. 실제로 맛이 썼을지라도 그런 날들은 다음 날 살아갈 힘을 얻는 게 더 컸다. 혼자였다면 벅찼을 짐들을 훌훌 털어버린 순

간들의 소주는 달게 기억될 수밖에 없었다.

대학 시절에는 그저 남들이 마시는 게 맛있어 보였고, 저렴했고, 쉽게 구할 수 있어서 즐겨 마셨다. 지금도 적용되는 이유들이지만 분위기나 기분에 따라 마시게 되는 이유가 더 커졌다. 그러다 보니 일상이 쌓여갈수록 자연스레 소주와 함께한 경험과 추억들도 쌓이고 있다.

첫 만남은 낯설었지만 지금은 그 어떤 술보다 친근하다. 요즘도, 앞으로도 술을 마시는 대부분의 날들은 소주와 함께이지 않을까.

시원함과 짜릿함

맥주가 필요한 순간은 분명히 있다.

소주를 많이 마시는 요즘드 그 시작에는 맥주가 있다. 식당에 도착하면 우선 소맥을 갈아서 시원하게 털어 넣기 때문이다.

본격적인 소주의 시간에 앞서 마시는 소맥은 술자리의 포문을 열 듯 내 목그멍을 열어준다. 그렇게 선소맥 후소주는 나만의 술자리 루틴이 되었다.

얼핏 맥주가 소주의 보조수단으로만 보일 수도 있지만 주인공이 되는 상황들도 있다.

한낮의 잔디밭에서 여유롭게 바람을 쐬며 마시는 캔맥주, 야외 수영장에서 한참을 놀다 숨을 돌리며 마시는 병맥주, 페스티벌에서 분위기를 즐기며 마시는 테이크아웃컵에 담긴 생맥주까지. 이렇듯 맥주가 잘 묻어나는 공기가 있다.

맥주가 어울리는 순간들은 많지만 무엇보다 가장 빛을 발할 때는 무더운 날이 아닐까 싶다. 주체할 수 없는 더위에 이마에 땀이 맺힌 채로 도착한 술집. 냉수도 해결할 수 없는 갈증은 얼음 생맥 한 잔으로 해결된다.

손잡이까지 차가운 맥주잔을 들고 벌컥벌컥 마시면 마치 바이킹이라도 빙의된 듯하다. 트림이 나오건 말건 신경 쓰지 않고 시원하게 넘기고 나면 쾌감을 느낀다.
그렇게 실컷 즐기다 생맥주잔에 그대로 타마시는 소맥도 별미다. 이때는 맥주가 아니라 소주가 보조수단이다.

일반적인 소맥은 소주 다음에 맥주가 들어가지만 생맥잔에 타마실 때는 그 반대가 된다. 맥주의 시원함은 유지한 채 단지 모자란 취기를 채우기 위해 섞을 뿐이다. 마음 같아선 이 소맥은 맥소라고 부르고 싶다.

미지근한 소주, 와인, 막걸리, 위스키는 용납이 되지만 맥주는 그렇지 않다. 마시기 전 손에 닿을 때부터 마시는 순간, 마시고 나서까지 시원해야 맥주를 마신다고 할 수 있다. 특유의 탄산감은 미지근하면 그 매력이 상쇄되기 때문이다.

아무리 부드럽고 진한 맥주라도 차갑게 마시는 걸 좋아한다. 펜션에 놀러 갈 때면 장을 보고 숙소에 가서 제일 먼저 하는 행동이 있다. 바로 미지근하게 식어버린 맥주를 냉동실에 넣는 것.

만약 너무 오래 넣어두었더라도 터지지만 않으면 문제가 되지 않는다. 어린 시절 즐겨 먹던 슬러시처럼 살얼음 진 맥주를 보며 모두 감탄을 내지를 뿐이다.

아마 맥주를 마시는 대부분의 사람들이 이 광경을 좋아하지 않을까 싶다.

"맥주나 한잔할까?"

이 말에는 두 가지 의미가 있다.
첫 번째, '술을 많이 못 마시니 가볍게 맥주나 마시자.'

두 번째, '오늘은 시원하게 맥주를 들이켜고 싶다.'

 개인적으로는 첫 번째 이유로 만나도 두 번째 이유처럼 마신다. 목을 찢는 탄산의 쾌감, 시원하게 넘긴 후 밀려오는 짜릿함. 맥주를 앞에 두고 이 매력들을 무시할 수는 없다.

 모든 술들이 그렇듯 맥주도 그만의 끌림이 있다. 다른 술로 대체할 수 없는 갈증과 답답함이 밀려올 때 맥주를 찾았고, 늘 해소시켜 줬다. 아무리 소주를 자주 마신다 한들 맥주가 필요한 순간은 분명히 있다.

식도에 굳은살

그리고 무뎌진 감각

"이런 걸 왜 마시는 거지?"

위스키와 고량주를 처음 마셨을 때 나온 말이다.

20대 초반, 펜션에 놀러 갔을 때였다. 매일 소주, 맥주, 막걸리만 마시다가 새로운 술에 도전할 때가 됐다며 마트에서 고량주와 위스키를 집어 들었다.

초록 사각병의 고량주 그리고 금빛의 조니워커 레드라벨 한 병. 고량주는 도수가 높고, 위스키는 가격이 비쌌기 떠문에 둘 다 어른들이 마시는 술로만 인지하고 있었다.

소주와 맥주를 곁들인 바비큐 파티를 마친 후, 개봉식을 시작했다. 조심스레 냄새를 맡아보니 소주와는 확연히 다른 향이었다. 우선 고량주부터 소주잔에 반정도 채워 잔을 부딪혔다.

"물. 물!"

담담하게 버티는 친구들도 있는 반면 다급하게 물을 찾는 친구들도 여럿 등장했다. 물론 나도 재빠르게 물을 들이부었다.
나의 첫 고량주는 용광로 그 자체였다. 식도를 타고 흐르는 그 뜨거운 용액은 마치 공업용 알콜을 때려 넣은 것 같았다. 그러고 난 후 남은 고량주는 벌주로 쓰였다.

다음은 위스키 차례. 조니워커를 사긴 했지만 블랙라벨이 뭔지 블루라벨이 뭔지도 몰랐다. 다들 가격대가 높아서 제일 저렴한 종류로 골랐을 뿐이었다. 그래서 당시에는 너무 소중했고, 친구들과 조금씩만 따라서 목으로 흘려보냈다.

"얼음 좀 타마실까?"

위스키도 넘기기 어려운 건 마찬가지였다. 영화에서 봤을 때 분명 다들 잘만 넘겼는데, 어떻게 그렇게 마시는지 의심이 가는 순간이었다. 달달해 보이는 색의 위스키를 온더락 잔에 부은 후, 얼음도 없이 군침 돌게 마시던 장면들을 부정하게 된 것이다.

이때만 해도 나중에 안정적인 수입이 생겼을지언정 의스키는 안 마실 줄 알았다. 뿐만 아니라 용광로 같았던 고량주도 아예 생각조차 하지 않을 것만 같았다. 하지만 10년이 넘게 지난 지금, 그 예상은 완전히 빗나갔다.

중식당을 가면 이과두주를 시켜 소주 대신 마시고, 연태 고량주를 시켜 소맥 대신 연맥을 마시기도 한다. 한창 즐겨마실 땐 고량주가 종류별로 있는 술집도 방문했었다. 친구와 함께 세 종류를 시켜 맛을 봤는데, 예전에는 목구멍이 뜨거워 알 수 없었던 향도 기분 좋게 느껴졌다.

분명 처음 마셨을 때는 주량이 좀 되시는 아저씨들만 마실 수 있다고 생각했는데, 그때의 내가 어렸던 건지 지금의 내가 아저씨가 된 건지 잠시 혼동이 오기도 했다.

TSINGTAO
BEER · BEER · CERVEZA
青島啤酒
1903
IMPORTED
PREMIUM
LAGER
TSINGTAO BREWERY CO.
酒精度
34%vol
烟台十
净含量
250ml
酿

대형 마트에 가면 위스키나 고량주를 종종 사온다. 특히 위
스키는 아직도 바에서 다시면 부담이 되는 편이라 집에 꼭
들여놓는다. 가끔 콜키지로 식당에 가져가기도 하고, 집에
서 혼자 온더락잔을 잘그락거리며 마시기도 한다.

이제는 좋은 위스키를 추천해 줄 정도로 잘 아는 친구들이 있어서 다양한 맛과 향을 즐겨보기도 한다.

"오늘 마신 거 어때?"
"괜찮은데? 같이 바틀샵 좀 가보자."

허세 없이 오로지 좋은 술을 마시기 위해 이런 대화를 하는 것을 보면 그래도 조금은 성장했다는 걸 느낀다. 경제적인 성장은 그저 일부일 뿐이다.

'한 모금 넘기기도 어려워했던 술을 편히 넘길 수 있는 굳은살이 생겼다는 것.'
'도수가 높다고 빨리 취하는 게 아니라 맛을 즐길 수 있는 정신이 생겼다는 것.'

20대 초반 고량주와 위스키는 어른들이 마시는 술이라고 생각했던 게 이런 상황을 두고 한 것이었을까?

나이를 먹어가며 단순히 즐길 수 있는 술의 범위가 넓어진 게 다가 아니다. 수많은 술자리를 거치며 식도에는 굳은살이 생겨났고, 정신은 웬만한 자극에는 꿈쩍도 하지 않게 됐다.

단순히 주량이 늘어서 그렇다고 표현할 수도 있다. 하지만 위스키를 가끔 사도 무리 없을 정도까지 나름의 고생도 하고 여러 고민들을 해결해왔다. 고량주의 목 넘김이 익숙해질 때까지의 술자리들어서 수많은 감정들을 풀어보기도 했다.

그냥 술만 마시며 자라온 어른이 아니라 대학 시절 떠올렸던 어른이라고 부를 수 있는 모습이 되어가고 있다고 생각한다. 그 어렵던 술들을 편히 마실 수 있게 됐고, 주변 사람들과도 나눌 수 있다는 건 그래도 못난 어른은 아니라는 뜻이니까.

위스키와 고량주를 즐기며 감정 뒤편에선 늘 이런 생각들이 미세하게 꿈틀댄다. 지금보다 더 어른이 됐을 때는 또 어떤 모습일지 그려보기도 한다.

그때까지 나는 어떤 경험들을 겪으며 술을 마실 것이고, 그때가 됐을 때에는 어떤 모습으로 무슨 술을 마시고 있을지. 선반 위에 놓아둔 위스키를 마시며, 잠시 상상의 나래를 펼쳐본다.

오랜만에 막걸리를 마셔볼까 한다.

나의 과거와 현재에 녹아있는 술

비가 오는 날이면 회기 파전골목은 항상 사람들로 득실득실했다. 두툼하게 튀기듯 구워져 나오는 파전은 당시 대학생이었던 나에게 꽤나 푸짐한 안주였다. 게다가 만원도 하지 않는 가격 덕에 주머니가 가볍던 시절에는 자주 찾을 수밖에 없었다.

파전을 입에 넣으면 해물과 파는 뒤섞여 조화롭게 씹혔고, 기름기 덕에 고소함까지 돌았다. 그 순간 필요한 건 막걸리였다. 목 넘김은 부드러웠고, 약간의 산미는 자칫 느끼해질 뻔한 입안을 환기시켜 주었다.

 그때는 파전에 막걸리가 공식처럼 박혀있었다. 만약 그 조합이 별로였다면 부정했겠지만 직접 먹어본 뒤로는 의심조차 할 수 없었다.

저렴하고 맛있는 파전과 막걸리 덕에 비가 오지 않는 날에도 그 골목을 많이도 찾았었다. 그렇게만 마셔도 충분히 만족스러웠는데, 막걸리를 더 자주 찾게 된 조합이 있었다

"이모, 여기 사이다랑 주전자 좀 주세요!"

아무리 막걸리를 몇 번 마셨다 한들 대학 새내기는 왜 사이다와 주전자를 함께 주문하는지 알 수 없었다.
2분 후, 주문의 주인공인 선배의 왼손에는 막걸리가, 오른손에는 사이다가 들려있었다. 그리고 주전자를 향해 일제히 쏟아부었다.

"이게 뭐예요? 다른 테이블들도 다 이렇게 마시네."
"일단 마셔봐."

신세계였다. 밀키스를 마시는 듯한 달달함. 부드러운 독 넘김과 탄산감의 공존. 자칫 더부룩할 수 있는 막걸리의 단점을 잡아주는 사이다의 청량함까지.
처음 막사를 맛봤을 때에는 감탄의 연속이었다. 아직 술본연의 맛을 모를 때라 그런지 정말 '맛'이 있는 술을 마신 느낌이었다.

막사는 약하다면서 소주까지 붓는 형의 모습을 보며 아직
배울 게 많구나 싶었다. 막사와 막소사. 그 조합들은 파전으
로 끝났을 술자리를 고추튀김까지 끌고 갔다.

파전골목이 아니더라도 막걸리 마시기 좋은 곳들은 많았
다. 훈민정음 벽지와 나무기둥이 들어서있는 주막, 막걸리
와 어울리는 안주로 가득 찬 술집. 그리고 꿀이나 과일을 섞
어주는 곳들까지.
　어느 동네를 가도 막걸리를 마시고 싶으면 망설일 필요가
없었다. 하지만 그런 상황들은 길게 가지 못했다. 다들 조금
씩 막걸리를 멀리하기 시작했기 때문이다.

숙취가 심한 술이라는 인식, 개인 선호 주종으로의 분산, 냄새에 대한 거부감 같은 이유들로 하나둘씩 주막과 파전골목에서 떠나갔다.

나도 소주를 더 많이 마시긴 했지만, 막걸리의 매력을 알기에 그 상황들이 아쉬웠다. 그 후 몇 년 동안 막걸리는 정말 가끔 마시거나 집어서 혼자 마시는 술이 되었다.

그로부터 몇 년 후, 졸업을 하며 전통주 관련된 일을 잠시 한 적이 있었다. 그러면서 알게 된 건 장수막걸리와 국순당 말고도 수많은 막걸리들이 있다는 것이었다.
알밤 막걸리처럼 흔히 보이던 막걸리가 아니라 지역별로 유명한 막걸리들이 있었다. 심지어 한 병에 만원이 넘는 막걸리들도 많았다.

막걸리를 그렇게 맛있게 마셨는데도 모르는 게 너무 많았다. 어디 가서 막걸리 좋아한다고 말할 수 없을 정도였다. 나는 잠시 막걸리에 소홀해져 있었지만 그들은 꾸준히 발효되고 있었다.
그 후 찾아간 막걸리집들은 대학 시절과 사뭇 다른 분위기였다. 일단 입장부터 어색했다. 허름한 주막이 아니라 세련

되고 깔끔한 인테리어였으니까.

그곳에 들어가면 메인 요리는 파전과 도토리묵이 아니라 바질감자전이나 항정수육, 감태 요리였다. 퓨전한식을 파는 곳을 들어가면 요리뿐만 아니라 막걸리의 종류도 다양했다.

요즘 괜찮다고 하는 막걸리를 주문하니 양은 사발이 아니라 와인잔을 서빙받았다. 적응되지 않는 상황의 연속이었지만 입으로 들어오는 모든 것들이 훌륭했다. 마치 회기 파전집과 한남동 와인바를 섞어놓은 듯한 분위기였다.

조금은 어색하고 낯설었던 경험을 하고 나오니 옛날 생각이 났다.

"2차도 막걸리 마실 거지?"
"응. 좀 클래식한 데로 가볼까?"

근처 지하에 위치한 주막으로 들어가 습관처럼 막걸리 두 병과 주전자를 시켰다. 간만에 대학 친구와 막걸리를 마셔서인지 그 시절에 갔던 분위기의 주막에 들어가 그때와 같은 주문을 했다. 다시 대학생인 나로 돌아간 것만 같았다. 그렇게 막걸리 하나로 현재와 과거를 넘나들었다.

사실 아직은 주막이 맘 편하다. 예전의 향수가 짙게 남아있어서 주전자와 양은사발, 전과 도토리묵이 익숙하기 때문이다.

그러면서도 새로 알게 된 막걸리들과 다양해진 안주들을 맛보는 것도 기다려진다. 막걸리를 멀리하던 친구들도 다시 돌아왔으면 싶은 바람과 함께.

막걸리는 우리나라 술의 발자취뿐만 아니라 나의 과거와 현재에도 녹아 있다. 그리고 또 앞으로 어떻게 다가올지 기대가 되는 술이다.

조만간 비가 온다면 오랜만에 소주 대신 막걸리를 제안해
볼까 한다.

술 마시기 좋은 계절, 사계절

야장 피는 계절

봄에는 꽃만 피지 않는다.

매섭고 차가운 바람을 피할 곳을 찾아 헤매다 내리쬐는 햇볕에 온기를 느끼기 시즈할 때. 그 계절에 우리는 야장을 찾는다.

눈이 녹고 두꺼운 외투를 벗을 때 즈음, 술집을 품고 있던 거리들도 옷을 갈아입기 시작한다. 다들 두꺼운 천막을 걷어 올리고 빨강과 파랑의 플라스틱 테이블들을 늘어놓는다. 간혹 꾸미기 좋아하는 곳들은 저마다 개성 있는 테이블을 뽐내기도 한다.

만발하는 꽃들이 사람들을 설레게 만들듯, 거리에 피어난 야장들도 술꾼들을 설레게 한다. 그리고 이내 봄나들이 채비를 시작한다.

"오늘 야장가기 딱 좋은 날씬데?"
"이런 날에는 가줘야지 또."

식단을 열심히 하던 친구의 마음마저 누그러뜨리게 만든 날씨는 많은 이들의 발걸음을 야장으로 인도한다. 도착할 때쯤, 얼마 전만 해도 안쪽 아늑한 곳부터 채워진 자리들이 바깥쪽부터 채워지고 있는 광경이 펼쳐진다.

서둘러 얼마 남지 않은 플라스틱 의자에 앉고 나면 길어진 해가 비쳐주는 메뉴판을 훑어본다. 겨울잠을 깨고 오랜단에 찾은 야장은 뭐든 맛있을 수밖에 없기 때문에 메뉴 선택을 너그럽게 만든다.

"진짜 날씨 너무 좋다."

간만에 밖에서 편히 술을 마시는 상황은 연신 좋다는 말만 내뱉게 한다. 맛있는 음식과 술은 그만으로도 매력이 있지만 야외에서 느껴지는 봄의 공기는 낭만을 더한다.

그렇게 야장 그 자체의 분위기에 취할 무렵 또 다른 봄의 낭만이 찾아온다.

손맛 좋은 이모님이 하시는 식당에 가면 직접 무친 향긋한 봄나물을 내오시기도 하고, 인심 좋은 고기집에 가면 방금 씻은 미나리를 불판 위에 올려주시기도 한다.
아직은 해가 지면 쌀쌀한 기운이 느껴질 날씨지만, 봄과 같은 마음들은 밖에 더 머무를 수 있는 따스함을 함께 선물한다.

따뜻한 날씨를 갈망하던 이들은 봄의 야장에서 그렇게 하나둘씩 취해간다. 꽤 괜찮은 겨울을 보냈을지라도 천장이 뚫린 곳에서 가벼운 옷차림으로 마시는 술은 반가울 수밖에 없다.

봄이 주는 특유의 설렘이 있다. 꽃이 피고, 바깥을 돌아다니며 햇볕을 쬐는 것과 같은 것들. 새해는 1월에 시작했지만 봄이 되면 또 다른 시작을 맞이하는 기분도 든다. 술을 좋아하는 사람들은 바깥에서 술을 마시는 것도 그 설렘에 포함되어 있다.

　단순히 알콜을 넘기는 것만 좋아했다면 야장을 좋아하지 않았을 수도 있다. 기대했던 날씨, 장소가 펼쳐졌을 때 넘기는 술이 좋기에 야장을 기다리고 좋아하는 것이다. 만약 그렇지 않았다면 집에서 혼자 소주를 따라 마시지 않을까 싶다.

　봄의 분위기를 좋아하는 사람들이 야장에 모여 봄처럼 환한 모습들로 술잔을 부딪치는 모습은 상상만으로도 행복감이 느껴진다. 그리고 그 상황을 직접 마주하는 순간에는 딱딱한 감정들도 부드럽게 녹아내린다.
　그렇기에 봄을 봄답게 누릴 수 있는 야장으로 떠나는 발걸음은 항상 가볍다.

빗소리는 술을 부르고

한여름 밤, 비와 함께 취해간다.

비 오는 날은 그만의 소리를 담고 있다.

'투둑. 투두둑.'
'쏴아아'

 빗방울이 창문을 때리는 소리와 바닥에 떨어져 부딪히는 소리들. 그 소리를 들으며 감상에 젖는 것도 잠시, 이내 술 생각이 떠오른다.
 비가 오면 술이 끌리는 신체적인 이유들, 정신적인 이유들이 있다고 하지만 나는 그저 비가 오는 날은 보통날과는 사뭇 달라 술이 마시고 싶어진다.

구름이 해를 가려 어둑하고, 빗줄기가 굵은 날이면 시야마저 흐리다. 한여름 뜨겁던 공기는 잠시 식어 시원하게까지 느껴진다. 평소와 다른 특별한 날이기에 술을 좋아하는 나로서는 그날을 그냥 보낼 수가 없다. 혼자서만 그렇다면 조금 서운할 수도 있지만 비 오는 날은 유독 술자리 동료들을 모으기도 수월하다.

비가 오면 왠지 모르게 울적해서 혼자 집에 가기 쓸쓸하다는 사람도 있고, 원래 술을 마시고 싶었는데 비가 좋은 핑계가 되는 사람도 있다. 각자 저마다의 경험과 성향이 달라 이유도 다르겠지만 술이라는 같은 목표로 삼삼오오 모이기 시작한다.

"뭐 먹을래?"

파전에 막걸리, 삼겹살에 소주, 회에 소주처럼 비를 대표하는 조합들이 사람들의 입에서 쏟아져 나온다. 평소라면 메뉴 선택에 적극적이지 않던 친구마저 의견을 더하는 날이기에 적어도 먹고 싶은 게 없어서 고민할 일은 없다.

 개인적으로 비 오는 날에는 안주에 개의치 않는다. 오로지 비를 즐길 수 있는 곳이냐가 중요하다. 통유리나 어닝이 있어서 바깥에서 내리는 비를 보고 들을 수 있는 곳. 그런 곳이라면 입으로 넣는 안주보다 눈과 귀로 즐기는 안주에 술이 더 달게 느껴진다.

 장우산을 챙겨 추적추적 내리는 비를 뚫고 목적지로 택한 고깃집으로 향하는 길. 옷을 적시는 비바람에 찝찝해하면서도 기다리던 순간을 곧 맞이한다는 생각에 발걸음만은 가볍다. 줄이 길게 늘어선 전집을 지나 고깃집에 도착하면 서둘러 빗방울을 털어내고 자리를 잡는다.

 고기 굽는 냄새와 밖에서 떨어지는 비 냄새가 섞일 때 즈음 술 한 잔을 넘긴다. 빗소리와 사람들의 목소리가 조화롭게 섞여 기분 좋은 소음을 만들어내며 술자리는 무르익어 간다. 한창 기분 좋아질 때쯤 빗소리가 거세지면 식당 안은 잠시 웅성거리는 소리로 가득 찬다.

“집에 어떻게 가지?”

“엄청 많이 오네.”
“그냥 나가서 슬리퍼 살까?”
“그칠 때까지 마셔보자.”

단체로 스포츠 중계를 관람하듯 비를 바라보며 저마다 한 마디씩 던지기도 하고, 천둥이라도 치면 다 같이 탄성을 내 지르기도 한다.

이렇듯 평상시 날씨라면 볼 수 없는 광경, 들을 수 없는 소리, 맡을 수 없는 냄새를 맡는 게 비 오는 날의 묘미가 아닐까 싶다.

해가 쨍쨍한 여름날의 한가운데에서 만나는 비는 무더운 일상에 반가운 단비로 젖어든다.

1년에 몇 달 되지 않는 계절, 한 계절에 며칠 되지 않는 날들에 술을 안 마실 수가 없다. 어찌 보면 특별한 날을 기념하는 의식일 수도 있다.

이 정도로 비와 함께 술을 마시는 걸 좋아하다 보니 ‘세상에 홍수라는 재난이 없다면 비가 더 자주 왔으면 좋겠다.’라는 생각도 해본다. 그러다가도 특별하다는 의미가 퇴색될 것 같아 그만하고 다음 비를 기다린다.

풍경을 감상하며

가을의 한강에서

그늘을 찾지 못하면 견딜 수 없었던 한강 공원에 선선한 바람이 불어오기 시작할 때, 무더운 여름이 끝나감을 느낀다. 하늘은 높고 푸르며 습했던 공기는 산뜻해져 간다.

태양이 내리쬐던 여름엔 하늘을 자주 올려다보지 못했지만, 탁 트인 가을의 한강에 앉아있다 보면 절로 올려다보게 된다. 그렇게 평화롭게 캔맥주를 마시며 가을을 감상한다.

　한강이 좋은 건 술을 마시다 노곤해지면 잠시 누워 쉴 수 있다는 점이다. 흘러가는 강 앞에서 취하고, 눕는 것을 반복하다 보면 이만한 신선놀음이 있을까 싶다.
　저녁에 가까워지면 주황빛을 내뿜는 해는 푸르렀던 하늘을 보랏빛으로 물들인다. 뚜렷한 색으로 정의할 수 없는 오묘한 빛깔의 노을은 사람들의 시선을 빼앗는다.

　"저기 좀 봐. 진짜 이쁘다."

아름다웠던 하늘의 감상이 끝나면 형형색색 불을 밝히는 대교와 빌딩들이 모습을 드러낸다. 해가 지기 전이나 지고 나서나 가을의 한강은 계속해서 볼거리를 만들어낸다. 그 풍경들은 대화하려 애쓰지 않아도 술자리를 어색하지 않게 만들어 준다.

저녁이 지나 밤이 될수록 사람들은 취해가고 한강은 시끌벅적해진다. 가을이 지나고 겨울이 오면 몇 달은 바깥바람을 쐬며 술을 마실 수 없어서인지 아무도 쉽게 발걸음을 떼지 않는다.

가을은 그렇다. 덥고 습했던 여름을 보낸 보상을 받는 계절이며, 실내에서 웅크려야 할 겨울을 앞에 두고 마지막으로 맘 편히 야외를 즐길 수 있는 계절이다.

누군가는 가을이 오면 독서를 떠올리고, 억새밭으로 떠나기도 하며, 단풍 가득한 산을 오르기도 한다. 이처럼 각자의 취향대로 가을을 즐기듯 술을 좋아하는 사람들도 그들만의 방법으로 가을을 즐긴다.

한강에서 높은 하늘과 탁 트인 풍경을 즐기며 맥주를 넘기

기도 하고, 야장에서 선선한 바람을 즐기며 소주를 넘기기
도 한다. 이렇듯 같은 술자리라도 가을의 정취는 그만의 분
위기를 만들어 낸다.

'가을' 하면 쓸쓸함이라는 감정을 흔히 떠올리지만, 사람들
과 밖에 나가 잔을 부딪히다 보면 쓸쓸함은 행복감으로 채
워진다.
 나 또한 가을이 되면 한강에 자리를 펴고 술을 넘기며 가을
을 즐기고 있을 테니까.

겨울의 술자리는 춥지 않다.

아늑함과 포근함이 주는 온기

"추우니까 빨리 가자."

 겨울이 되면 술집으로 향할 때마다 항상 발걸음을 재촉한다. 거센 찬바람이 고통스럽게 몸을 움츠리게 하기 때문이다. 그나마 바람이 덜한 거리로 숨어들어 겨우 몸을 세우면 눈과 조명이 가득한 거리가 한눈에 들어온다.

"연말 분위기 좀 나네."

겨울의 술집 거리는 온갖 연말 장식을 마쳤다. 날은 춥지만 분위기는 따뜻하다. 거리를 감상하는 것도 잠시, 서둘러 횟집으로 들어간다.

대방어와 함께 소주를 주문하고 서둘러 잔을 채워 기본 반찬을 안주로 잔을 꺾는다.

"아, 이제 살겠다."

그렇게 한 잔을 비우고 나면 식당의 따뜻한 온도에 적응한다. 겨울이 제철인 해산물들을 좋아해 횟집을 자주 찾는 편인데, 주변 테이블에서 올라오는 매운탕 열기에 금방 따뜻해지는 곳이기도 하다.

모두가 온기를 되찾고 술기운이 올라오면 대화도 활발해진다. 가볍게 웃고 떠들기도 하지만 겨울의 술자리에서는 진지한 대화들도 많아진다.

연말연시를 품고 있는 겨울이기에 저마다 싱숭생숭한 기분을 대화로 풀기도 하고, 한 해가 벌써 끝났다는 허탈함을 말하면서도 새해에는 달라지겠지라는 희망을 이야기한다.

물론 습관처럼 얘기하는 목표들도 대화에 포함돼있다.

"새해에는 술 줄일 거야."
"정말?"
"그냥 한 말이지."

예전에는 술을 줄인다는 얘기를 하면 진지하게 들었었다. 하지만 이제 다들 술자리의 즐거움과 낭만을 알고, 알아서 관리도 하기에 입버릇처럼 뱉었다는 것을 안다. 술 좋아하는 사람들끼리 가볍게 하는 농담이랄까?

농담과 진담이 섞인 대화들을 실컷 나누다 보면 매운탕까지 비워져 있고, 소주병은 테이블 한켠에 늘어서 있다. 그리고 곧 다들 2차 갈 채비를 단단히 하기 시작한다. 술에 취해도 춥다는 사실은 절대 망각하지 않는 것 같다.

2차로 향하는 길, 울려 퍼지는 캐롤에 또 마음이 동하기 시작한다. 캐롤은 성탄절뿐만 아니라 겨울의 시작부터 끝까지 들려오고, 심지어 한식주점이나 이자카야에서도 들을 수 있다. 이쯤 되면 겨울의 소리는 캐롤이라고 말해도 될 듯하다. 단, 2차로 도착한 포장마차는 예외다.

바람 들어올 틈 없이 꽁꽁 싸맨 포장마차에는 캐롤 대신 사람들의 말소리만 들려온다. 쌀쌀한 겨울에는 포장마차를 오는 일이 없을 줄 알았는데, 난로를 튼 실내는 훈훈한 기운으로 우리를 반겨주었다.

"일단 국물 있는 거 하나 시키자."

겨울의 포장마차에서 우동이나 잔치국수는 필수로 시켜야 한다. 따뜻한 국물이 식도를 타고 흘러 뱃속에 안착해야 비로소 몸이 술을 받아들일 준비를 마치기 때문이다. 이처럼 천막 하나를 사이에 두고 한기와 온기를 오가는 매력은 겨울에만 느낄 수 있다.

1차 때는 잊지 않았던 바깥 날씨를 2차에 와서 잠시 망각한다. 하지만 곧 담배를 피우러 나가 입김과 연기를 구분하지 못하는 순간 방심했다는 것을 깨닫는다. 찬바람에 술기운을 잃을 뻔했지만 담배 연기는 다시 취기를 불러온다.

다시 한참을 마시다 집에 갈 사람들을 보내고 남은 일행과 오뎅바로 발걸음을 옮긴다.
살짝 쌓여 있는 눈 위를 조심스레 걸어 도착한 오뎅바는 특유의 아늑함이 느껴진다. 곧바로 필요 없어진 외투를 벗

고 오순도순 모여 앉아 어묵과 함께 다시 대화의 꽃을 피운
다. 그렇게 겨울의 밤은 깊어간다.

 겨울은 춥지만 그 계절에 찾는 장소들과 그 안에서 오가는
대화들은 춥지 않았고, 캐롤과 함박눈은 낭만까지 더해주었
다. 그런 겨울 속에서 넘긴 술 한 잔은 항상 포근한 추억으
로 남아있다. 그렇기에 다가올 겨울들도 한파에 대한 두려
움보다 따뜻한 술자리에 대한 설렘으로 기다릴 것이다.

술을 넘기며 빠져든 분위기

소주에 올드팝

술과 음악의 만남에는 국경이 없다.

　새로운 동네로 이사를 했을 때였다. 근처에 사는 형과 저녁을 먹고, 2차로 갈 술집을 찾아 헤매고 있었다. 동네 자체가 늦게까지 하는 술집이 거의 없었고, 들어가고 싶은 느낌이 오는 곳도 없었다.
　그러다 술집이라곤 전혀 없을 것 같은 어두운 골목길까지 들어가 버렸다. 다시 돌아갈까 고민을 하다 검색을 해보니 근처에 술집이 하나 있었다.

'영업시간 : 매일 11:00 - 20:00'

 이미 영업시간이 지났을 대였지만, 등록된 사진과 메뉴를 보면 도저히 오후 8시에 닫을 것 같지 않아 일단 찾아가 봤다. 목적지에 다다를 때쯤 저 멀리서 올드팝이 들려왔다.

"형, 아까 찾아본 술집 음악 맞겠죠?"
"그런 것 같긴 한데 이상하다. 사진 보면 절대 LP바는 아니었는데."

 음악 소리를 따라 술집에 도착하니 형형색색 반짝이는 조명들이 우릴 맞이해주었다. 정말 허름한 건물이었는데, 올드팝과 조명들이 오묘한 조화를 이루고 있었다.

 비닐 천막을 젖히고 들어가니 나이가 지긋하신 사장님 한 분이 요리를 하고 계셨다. 테이블도 몇 개 되지 않았고 정말 단골인듯한 손님들만 몇몇 자리하고 있었다.

'사랑은 잔잔한 음악처럼'

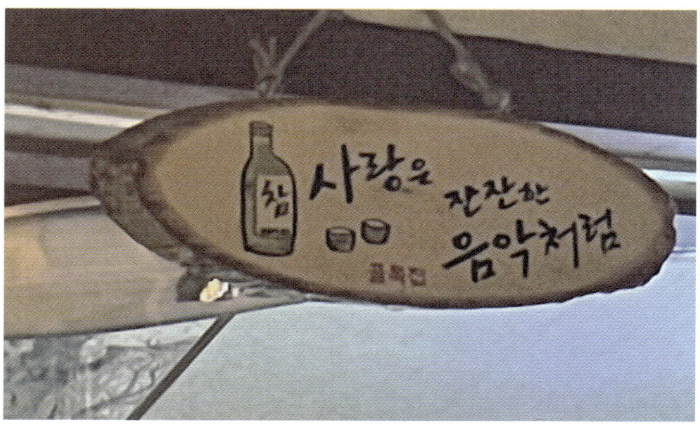
참
사랑은
잔잔한
음악처럼
골목집

안쪽으로 들어가는 통로 위쪽에는 글귀가 써진 나무판이
걸려있었다. 입구부터 시작해 들어와서까지 범상치 않은 곳
이었다.

하나에 만원도 하지 않는 염통 꼬치와 순두부찌개를 시키
고, 벽에 덕지덕지 휘갈겨져 있는 낙서들을 구경했다. 사랑
은 잔잔한 음악 같다고 하셨지만, '여친 구함' 같은 낙서들
은 잔잔하지 않았다.

안주가 나오고 본격적인 2차가 시작됐다. 소주 한 잔에 찌
개 한 숟갈을 떠먹으니 다시 음악에 귀가 기울여졌다. 제목
을 알 수 없는 노래들이었지만 한 곡 한 곡이 모두 좋았다.
일반 술집에서 올드팝을 들으며 소주를 마신 적이 있나 생
각해 보니 그때가 처음이었던 것 같다. 잠시 대화를 하지 않
아도 대화를 하는듯했고, 흘러나오는 명곡들에 쉴 새 없이
소주를 들이부었다.

평소에도 집이나 야외에서 술을 마실 때 음악을 듣는다. 집
은 식당이나 술집처럼 말소리 같은 백색소음이 깔리지 않는
다. 기분 좋게 술을 마시는데 적막한 공기가 느껴지는 건 원
치 않아 뭐라도 틀곤 한다.

해변이나 한강은 바람 소리, 폭죽 소리, 파도 소리 같은 충분히 감상할 만한 소리들이 있지만, 그 순간이 주는 특별함을 더 느끼고 싶어 듣고 싶은 음악을 틀곤 한다.

와인을 마시고 있어도 힙합에 꽂혀 있으면 힙합을 틀고, 맥주를 들이붓고 있어도 재즈를 좋아하면 재즈를 튼다. 주종에 어울리는 음악보다는 그 순간의 취향과 분위기가 우선시된다.

와인에는 재즈, 데낄라에는 클럽 음악 같은 특정 술과 음악의 연관성에 대한 관념들이 존재한다. 하지만 음악에 대한 취향이 다양해지거나 선호하는 장르의 범위가 넓어졌을 때, 그 관념은 허물어진다.

집에서 친구들과 안동 소주를 마시면서 존 메이어의 음악을 듣고, 한강에서 간단하게 캔맥주를 마실 땐 이소라의 노래를 듣는다. 술이 모자란 상태로 집에 돌아온 날엔 마트에서 산 와인에 힙합을 듣는다.

술과 음악의 만남에는 국경도 없고, 장르적 제한도 없다. 프랑스 와인에 미국 힙합을 듣던, 한국 전통주에 영국 밴드

음악을 듣던 그저 자신이 뭔하는 술과 음악에 취해간다. 소
주 안주를 팔며 올드팝을 틀었던 노포의 분위기처럼 낭만을
즐길 수만 있다면 그걸로 되지 않을까.

병따개가 필요 없는 사람들

찰나의 감탄과 흥미

'뻥!'

 술자리에서 숟가락으로 맥주병을 시원하게 따는 사람들이 있다. 그뿐만 아니라 라이터, 가위 심지어 병뚜껑으로 따기도 한다.

 아직 이 기술을 터득하지 못한 사람들은 그저 신기하게 바라본다. 그리고 맥주를 시킬 때마다 손이 빨거질 때까지 도

전한다. 병따개가 없을 때 유용한 방법들이라 배우고 싶은 것도 있지만, 묘한 쾌감과 재미를 선사하는 이유가 가장 클 것이다.

술자리에서 유용성보다 재미가 우선시되는 경우는 소주를 딸 때도 수두룩하다. 소주 뚜껑을 여는 건 어려운 일이 아니다. 하지만 화려하게 팔을 휘저으며 뚜껑을 따는 쇼맨십을 발휘하는 사람들이 있다.

소주 뚜껑을 따는 것뿐만 아니라 따기 전의 의식도 다양하다. 저마다의 노하우로 병 안에 회오리를 만들기도 하고, 팔꿈치로 병 아래를 탁탁 치기도 한다. 예전에는 침전물을 섞이게 하기 위해 흔들었다는 말이 있지만 요즘은 이 모든 것들이 그저 재미를 위한 행동들이다.

 술자리에서는 이렇게 많은 구경거리가 생겨난다. 이 행위들은 술자리의 필수 요소가 아니지만 더 풍족하게 만드는 역할을 한다.

 "왜 오늘은 안 쳐?"

 나는 소주병을 따기 전에 손바닥으로 병 아래를 두 번 치는 습관이 있다. 한 번은 병이 미끄러워 바로 뚜껑을 땄더니 친구가 오늘은 왜 안 치냐며 물어온 적이 있다. 대단히 섭섭하진 않았겠지만 평소 하던 행동을 안 했다고 의아해했다.

 나에게는 가벼운 행동이었는데, 누군가 반복적으로 봤을 때는 기억에 남을 행동이었다. 봤을 때 큰 감흥이 없더라도 안 하면 아쉬운 기분. 술자리에서는 이런 소소한 재주들을 가진 친구들이 많다.
 맥주를 흔들어 화려하게 폭탄주를 만드는 친구, 손바닥으로 볼에서 입까지 소주잔을 돌려 마시는 친구, 소주 뚜껑에 구멍을 뚫는 친구까지. 어쩔 땐 단순 재미를 위한 행동이 아니라 술장인의 기술로 보일 때도 있다.

꼭 의미를 부여하지 않아도 되는 행동들. 하지만 찰나의 감탄과 흥미를 불러일으키는 행동들. 무색으로 시작해 무취로 끝날 술자리들도 있었지만, 나날이 다채로워지는 행위들은 그 자체만으로도 술자리를 채웠다.

차를 타고 여행을 갈 때 화장실도 안 급하고 배가 고프지 않다고 휴게소를 안 들른다면 허전한 느낌이 든다. 축구선

수가 역전골을 넣고 세레머니를 안 하면 무슨 사연이 있는지 궁금해지기도 한다.

 휴게소를 가는 건 여행의 필수 코스가 아니고, 골 세레머니를 안 한다고 경고를 받지도 않는다. 다만 하지 않으면 아쉬운 행동들이다.
 요새는 다양한 휴게소 맛집 리스트가 나오고, 축구선수들은 경기마다 개성 있는 세레머니를 보여준다. 이 둘은 여행과 축구 경기를 더 풍성하게 만들어줬다.

 슬프거나 안 좋은 상황이라면 골 세레머니를 자제하고, 맘 편히 휴게소 맛집을 갈 수 없듯 술자리도 마찬가지다. 상황에 따라 화려하게 술병을 따지 않을 수도, 평범하게 폭탄주를 말 수도 있다.
 다만 특정 상황이 아니라면 자신만의 행위들로 매력을 발산한다. 그리고 그들은 마치 영화의 카메오처럼 잠깐의 등장만으로도 사람들의 시선을 이끈다.

"굳이 그렇게 따야 돼?"
"재밌잖아."

없어도 그만이지만 있으면 재밋거리가 하나라도 더 생기는 순간. 다음엔 또 느가 어떤 특이한 방법으로 병뚜껑을 딸지 기대된다.

밤바다는 위태한 낭만을 만들고

취기, 그리고 느긋하게 찾아온 밤바다

어린 시절 바다를 갈 때면 늘 아침 일찍 출발했었다. 교통 체증을 피할 수 있고, 휴일이라면 알차게 보내야 한다는 이유들로.

쉬고, 먹고, 즐기기 위해 알람 소리에 시달리는 건 나에게는 큰 모순이었다. 전 날 밤부터 다음날 일어날 생각에 신경이 곤두서있는 것도 편치 않았다.

어른들 없이도 여행 갈 수 있는 나이가 되면서 토요일 아침이 아닌 금요일 저녁 느지막이 바다로 떠났다. 차도 막히지 않았고 새벽 기상에 거슬릴 일도 없었다.

 살짝 늦은 저녁, 바다에 도착하자마자 코로 큰 호흡을 들이키며 바다 내음을 맡는다. 비로소 바다에 왔음을 실감하며 사람들의 목소리와 바다를 비추는 조명이 가득한 거리로 발걸음을 옮긴다.
 비릿한 내음이 짙어지면 이내 조개구이집들이 보인다. 해가 진 바다의 선선한 공기는 뜨끈한 연탄불을 맞이할 준비까지 마쳤다.

 바다의 곁에서 바다를 닮은 냄새와 맛을 느낀다는 것. 조개구이로 바다에서의 저녁을 채우는 이유다. 맥주로 입가심을 한 뒤 조개 한 입에 소주 첫 잔을 넘긴다. 그제야 밤에 들어선 바다가 보이기 시작한다.

 연거푸 잔을 꺾어대며 가끔씩 고개를 돌려 밤바다를 바라본다. 분위기에 취했지만 아직 술에 취하지 않은 상태. 하지만 금세 병이 늘어가며 취기는 밤바다의 분위기와 함께 나를 적신다.

 곧 마지막 잔을 비우고 바라만 보던 해변으로 향한다.

196 술을 넘기며 빠져든 분위기

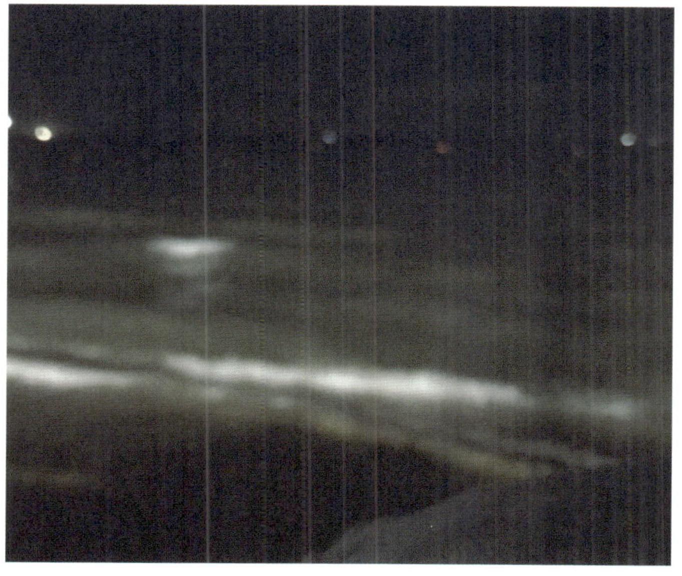

취한 나를 기다렸다는 듯 달빛에 비치던 윤슬이 발밑까지 와 잘게 부서진다. 마중 나온 잔파도에 화답하기 위해 신발을 벗고 발을 담가본다.

밤바다는 푸른빛을 감췄지만 어둑한 표면 위로 온갖 빛을 비춘다. 밤에 치는 파도 소리는 낮과는 다르게 사람들의 목소리를 감싼다. 그 모습과 소리에 빠져들며 밤바다의 품을 느껴본다.

홀로 감상에 젖다가도 친구들과 짠내 나는 바닷물을 끼얹어도 본다. 얕은 해변을 한동안 첨벙대다 어느새 파도의 끝을 놓쳐버린다. 그 와중에도 술기운은 붙잡고 있기에 굳이 찾으려 노력하지 않는다. 우리는 그저 구속되지 않은 순간을 만끽할 뿐이다.

그렇게 바닷물과 모래사장을 오가며 안락한 밤바다를 위태로운 낭만으로 채워간다. 시간이 얼마나 흐른지도 모르다 정강이까지 물이 찰랑이는 걸 느낄 때쯤 취기는 파도와 함께 쓸려나간다.

"그만 나가자. 사고 나겠다."
"그래. 술이나 한 잔 더하자. 다 깼다."

살짝 올라온 취기는 바다를 더 풍부하게 느끼게 해줬고, 친구들과의 추억을 더 깊게 만들어줬다. 그 낭만이 더 위태로워지기 전, 쓸려나간 취기를 다시 찾으러 떠난다.

느긋하게 찾아온 밤바다를 잠시 뒤로하지만, 그곳에서 나눈 교감은 간직한 채 잔을 기울인다. 그렇게 술과 바다는 아무런 조건 없이 낭만을 선사했다.

모래 사장에 와인을 묻고

캐리어에 다리를 올린 채로

봄, 그것도 평일 낮의 해운대는 사람보다 갈매기가 더 많이 보인다. 한산한 해변을 곁에 두고 산책로를 따라 캐리어를 끌며 걸었다. 한여름의 해운대였다면 그렇게 한적하게 걸을 수도 없었을 것이다.

여유로운 해운대는 처음이었기에 같이 간 형과 함께 바다를 즐기기로 마음먹었다. 편의점에서 돗자리와 맥주를 사와 해변 한가운데 자리를 펴고, 캐리어에 다리를 올린 채로 누웠다.

모래사장의 푹신함과 걸음을 멈추고 늘어뜨린 다리는 그날 여행의 시작을 편안하게 만들어줬다. 그렇게 여유를 부리다가 전 날 숙소에서 마시다 남은 와인을 꺼냈다. 그리고 종이 컵에 와인을 따르려는 순간, 빗방울이 떨어지기 시작했다.

"비 오는 것 같은데?"

함께 간 형과 잠시 고민을 하다가 이 정도면 여행적 허용이라며 와인병을 들었다. 하지만 컵에 따르려는 순간 빗줄기가 굵어졌다.

"잠깐 피해야겠는데요?"
"아 귀찮다."

돗자리를 펴고 접는 일은 여간 귀찮은 일이 아니다. 거기에 여행짐까지 들고 비를 피하는 건 더욱.
잠시 비를 피하다 빗줄기가 가늘어지자 다시 돗자리를 피러 해변으로 향했다. 그 순간 이건 하늘이 장난을 치는 것이라고 밖에 받아들일 수 없는 상황이 펼쳐졌다. 빗방울은 우리의 머리를 얄밉게 때리기 시작했다. 하지만 후퇴는 없다고 선언하며, 비상용 우산을 해변에 꼽고 돗자리를 폈다.

계속해서 가늘어지다 굵어지다를 반복하는 빗방울을 무시한 채 안주거리를 사러 떠났다. 근처 피자집에서 포장을 기다리며 밖을 바라봤다. 비는 우릴 괴롭혔지만 실내에서 바라보는 흐린 바다는 운치가 느껴졌다.

피자를 들고 자리로 돌아가 와인 대신 캔맥주를 땄다. 맥주는 고로 미지근해지기 전에 마셔야 제맛이니까. 빗방울 토핑을 덧입힌 피자를 한 입 베어 물고, 맥주를 들이켠다. 그 순간 비 때문에 고생했던 일은 깨끗하게 사라진다.

그렇게 맥주를 비우는 순간에도 비는 오락가락하고 바람은 불어왔다. 우산을 고정하기도 귀찮아 내던지고 이어서 와인을 따른다. 와인병을 도래사장에 살짝 묻어두고 분위기 좀 내보자며 핸드폰으로 감성적인 음악도 틀어놓는다. 비는 잦아들고 흐릿한 지평선만이 눈앞에 보인다.

맥주와 와인으로 취해가는 해운대.

대낮이지만 시간은 전혀 개의치 않았다. 서로 대화를 하지 않고 그저 그 분위기를 즐기고 있었다.

[yellow t
CHARDONN
Rich and vibrant, with fr
melon flavours and a hi
WINE OF AUSTRALIA
750mL

　여행지에서 술을 마시는 건 서울에서 마시는 것과 다른 느낌을 준다. 보지 못했던 풍경 속을 거닐며 휴식의 해방감을 느끼고, 톱니바퀴 같은 일상을 신경 쓰지 않아도 된다.
　비를 맞아도, 캐리어를 대충 던져둬도, 술병을 어디에 고정시켜 놓아도 상관없다. 그저 그곳의 공기와 함께 취해갈 뿐이다.

　예상치 못했던 광경이 펼쳐지고 평소와는 다른 분위기를 느껴도 의연한 상황. 아무것도 거리끼지 않고 내가 하고 싶은 걸 하는 순간. 비, 짐, 바람마저 품으며 그곳의 낭만 속에서 술을 즐겼다.
　항상 복잡하게 무언가를 생각해오며 살았는데, 비 오는 해운대에서만큼은 녹아들기만 했다. 다시 휴식을 찾게 된다면 이런 시간을 보내고 있지 않을까 싶다.

술로써 느낀 나의 진심들

국밥에 소주 마시는 아저씨

그 아저씨가 나라면

친구들과 마시는 만큼은 아니지만 부모님과도 종종 술자리를 가진다.

만날 때면 소주를 매번 따르기 귀찮다며 글라스잔에 드시는 아버지. 독립한 아들이 본가에 갈 때면 좋은 술을 준비해 놓고 같이 잔을 기울이는 어머니.
20년 넘게 따로 산 아버지는 힘든 모습 한 번 보인 적 없고, 직장 생활하시면서 홀로 날 키운 어머니는 항상 웃는 얼굴로 날 맞아주신다.

　부모님과 잔을 부딪히며 취기가 오르면 많은 대화가 오간다. 고생했던 일들, 현재의 일상과 미래에 대한 고민들. 그리고 내가 몰랐던 수많은 이야기들.

　부모님의 젊었을 때 이야기부터 내 앞에서 차마 하지 못했던 속사정들까지 듣다 보면 괜히 짠해질 때도 있다. 이런 대화들을 곧잘 나누다 보니 밖에서 술을 마실 때면 이 세상 모든 부모님들이 눈에 들어온다.

국밥집에서 혼자 소주를 마시는 아저씨들. 멀리서 봤을 땐 '반주를 좋아하시는구나.'하며 가볍게 지나쳤다. 하지만 혼자 짧게 마시는 사정도 있지 않을까란 생각도 들었다.

젊었을 땐 우리처럼 실컷 웃고 떠들며 드셨을 텐데, 바쁘게 책임지며 살아오다 보니 변하지 않은 건 술밖에 없었을 것이다.

술집에서 모여 수다를 떠는 동네 아주머니들이나 조기축구회 회식을 하는 아저씨들도 그저 시끄럽다며 투정 부리기만 했었다.

생각해 보면 내가 대학생 때 술게임하던 시절이 더 시끄러웠을 텐데, 그분들도 이제서야 숨통이 틔여서 그때처럼 친구분들과 시끌벅적하게 마시는 게 아닐까란 생각도 해본다.

부모님과의 술자리 덕에 이런 생각들을 하긴 했지만 성별 나이 불문하고 몰상식한 행동들은 물론 예외다.

나도 점점 짊어지는 짐이 많아질수록 술자리를 대하는 자세가 변하게 될지 내심 궁금할 때도 있다.

'정말 힘들어질 떠면 나도 술을 덜 먹게 될까?'
'술은 계속 마시더라도 지금의 낭만을 느끼기 어려울까?'

 일어나지도 않은 일들을 혼자 상상해 본다. 앞으로의 인생은 원치 않는 풍파를 격을 수도 있고 잔잔하게 흘러갈 수도 있다.
 이런저런 상상을 하다가드 아무렴 어떨까 싶다. 풍파가 많으면 술자리에서 펼쳐 놓을 말들이 많아질 것이고, 잔잔하면 언제나 그랬듯 소소한 일상들을 늘어놓을 텐데.

 어른들과 술자리를 함께 하고, 그들의 술자리를 바라보면서 지금의 술자리가 더 소중하게 느껴진다. 그들의 깊은 주름과 단단한 목소리를 보그 들으며, 지금 주어진 상황 하나하나가 나를 어떤 어른으르 만들까란 생각이 들었기 때문이다.

 겪어온 술자리들을 돌아브면 기억에 남는 대화들과 만남들이 많았다. 그것들은 내 속에 있던 말들을 뽑어낸 대화들이었고, 내가 좋아하는 사람들과의 만남이었기에 내 인생이 녹아든 술자리들이었다.

꽤 많은 대화들과 만남들이 있었기에 우리 부모님처럼 미래의 자녀에게 술 한잔하며 해주고 싶은 얘기들도 많아질 것 같다.

내가 어떻게 살아왔고, 술은 어떻게 마시는 것이고, 우리의 사이가 어떤지에 대해.

훗날 중년이 된 친구들과의 술자리도 기대된다. 누군가는 살아간 모습에 따라 거칠어졌을 수도, 여유로워졌을 수도, 한결같을 수도 있으니까. 그리고 그때의 나는 어떤 모습일지도 문득 궁금해진다.

사실 나중에 자식이 있을지 없을지도 모르고, 정작 친구들을 자주 못 만날 수도 있다. 분명한 건 나는 계속 술을 마시고 있을 거라는 것이다.

그때 곁에 함께 술 마실 사람이 없다면 아마 국밥집에서 혼자 소주를 마시고 있지 않을까? 무슨 생각을 하고 있을지는 모르겠지만 그 순간도 헛되지 않기를 바랄 뿐이다.

외로움으로 시작해 나를 채우며

혼자만의 술자리에서

가끔 혼술을 하는 편이다.

집에서 보고 싶던 영화를 보며 마시는 여유로운 혼술, 개인 작업을 끝내고 뿌듯하게 마시는 국밥집에서의 혼술. 갑자기 먹고 싶은 음식이 생겼을 때 근처 맛집을 찾아가 마시는 혼술까지.

평소라면 집 밖에서 마시는 술은 거의 일행과 함께 한다. 하지만 시간을 맞추기 애매할 때에는 같이 마실 사람을 찾기 어렵기 때문에 혼자 떠나곤 한다.

친구들과 술을 마실 때에는 대화에 집중하는 비중이 컸다

면 혼술을 할 땐 혼자만의 감상, 기분, 음식의 맛에 집중하
게 된다. 혼자지만 그대로도 꽉 찬 시간들이다.

 퇴사를 하고 집에 혼자 있는 시간이 길어졌을 때였다. 사람
들과 대화도 하고 싶었고, 술집의 분위기도 즐기고 싶었다.
하지만 그러지 못했다. 갑자기 마시고 싶었던 날이라 친구
들은 이미 다 약속이 있었기 때문이다. 미리 약속을 잡지 않
은 건 내 잘못이기에 단념하고 혼자 마시기로 결정했다.

 술은 마시고 싶었지만 그날따라 보고 싶은 영화는 없었고,
딱히 먹고 싶은 음식도 없었다. 책도 읽고 싶지 않았고, 핸
드폰만 보고 있기도 싫었다. 운동은 이미 했던 터라 더 이상
하고 싶지도 않았다.
 단지 집에서 홀로 외롭게 있기 싫었고, 생각을 정리하고 싶
었고, 그를 위해 다른 환경을 원했다. 그렇게 집 근처 조용
한 술집을 찾아갔다.

 다른 날 같았으면 꼬치구이의 맛을 즐기며 마시던 술집이
라 기분 좋은 곳이었는데, 외로워서 찾아가는 그날의 기분
은 썩 좋지 않았다.

　처음부터 좋지 않은 이유로 마셔서 그런지 취해갈수록 별 생각이 다 들었다.

'아무리 그래도 술 마실 사람 하나 없네. 잘못 살았나?'
'잘 살고 있는 건가? 이렇게 술 마시는 게 맞는 건가?'
'나는 왜 외로워야 하는 거지?'

　온갖 부정적인 생각이 이어졌다. 괜한 생각이라며 털어버리려 했지만 기분이 좋지 않은 상태여서 그런지 나아질 기미는 보이지 않았다.

'아니야. 오늘만 그런 거겠지. 평소엔 잘 사는데 뭘.'
'더 나아지려면 내일 더 열심히 살면 돼.'

　원래의 술자리라면 기분 좋게 취해서 온 세상이 다 행복해 보였을 텐데 그땐 그렇지 않았다. 감정기복은 말도 안 되게 심했고, 혼자 질문과 답변을 이어가고 있었다.
　소주 한 병을 비우고 집에 갈까 고민하다가 어중간한 취기와 남은 안주를 핑계로 한 병 더 주문했다. 병이 늘어갈수록 그 상황이 나쁘지만은 않게 느껴졌다.

집에만 있었으면 외로움은 심해졌을 것이고 더 답답하기만 했을 텐데, 혼자 술을 마시며 나만의 생각을 되뇌고 있는 것 자체가 좋았다. 애초에 좋은 목적으로 온 게 아니라서 싫지만 좋았다는 표현이 더 맞는 것 같다.

생각해 보면 비슷한 상황들은 종종 있었다. 대화할 사람이 없거나 고민을 해소할 만한 게 마땅히 없을 때면 혼자 술을 마시며 실컷 고뇌하고, 상실하며, 돌아봤다.

취기가 올라 더 솔직해진 나에게 물음을 던지고 더 깊게 알아갔다. 슬픈 일이 있으면 끝까지 슬퍼했고, 힘든 일이 생기면 있는 그대로 받아냈다. 계속 생각에 생각을 이어가다 보면 조금은 의연해졌다.
겉으로만 괜찮다며 담아두거나 괜히 다른 것들로 관심을 옮기는 것보다는 좋았다. 적어도 좋지 않은 기분들이 내 안에서 정체된 느낌은 들지 않았으니까.

혼자만의 술자리를 끝내고 연거푸 담배를 피우면서 안도감을 느낀다. 남아있는 외로움과 아쉬움을 담배 연기에 실어 보내며 혼자 잘 마셨다며 다독인다.

보성등
주조

이렇게 털어버리겠다고 계산하며 시작한 혼자만의 술자리
는 아니지만 더 단단한 내가 됐다고 계산해 본다.

누군가는 술이 아니더라도 부정적인 감정을 잘 해소하곤
한다. 산책을 좋아하면 산책으로, 음악을 좋아하면 음악으
로.
나 또한 술 없이 해소가 됐다면 그랬을 것이다. 다만 나는
술을 좋아하기도 하고, 평소 술자리에서 느낀 긍정적인 영
향들이 많아서 술도 해소한 것이다. 그저 취향에 따라 방법
이 다를 뿐이다.

혼자 술을 마시다가 더 큰 상실감에 허덕인다면 그 나락조
차 경험해보고 싶다. 어떻게 보면 감정이 많이 퇴색된 만큼
채울 수 있는 폭은 넓다는 거니까. 그렇게 거품 같은 감정은
빠지고 내가 나로서 느낄 수 있는 감정들만 들어찼으면 한
다.

시작은 작은 외로움이었지만 시간을 거듭하며 나에 대한
고민을 더 깊게 해보고 싶어졌다. 또다시 피할 수 없는 혼자
만의 술자리가 다가온다면 반갑게 받아들일 것이다.

물론 친구들과의 술약속이 잡힌다면 부리나케 달려나갈 테
지만.

아직은 이상을 말하고 싶다.

술자리 대화 주제

"너 주식해?"

"주식의 '주'도 꺼내지 마."

"너도 삼전 물렸어?"

"삼전만 물렸으면 다행이지."

언젠가부터 술자리에서 주식, 코인 그리고 부동산 얘기가 많이 들리기 시작했다. 나는 극소액의 주식만 사놔서 어플도 잘 안 열어보는 상태였고 코인, 부동산은 아예 관심 밖이었다. 그러다 보니 내가 평소 자주 만나는 사람들과의 술자리 대화 주제는 모두 그 밖의 다른 분야들이었다. 그냥 일상 얘기만 해도 매번 색달랐다. 하지만 오랜만에 만난 동창들이나 선배들을 만날 때면 그들의 대화 주제는 항상 비슷했다.

"너는 주식 안 해?"
"나? 그냥 몇 개 사놓고 거의 안 보는데?"
"뭐 얼마나 샀는데?"
"그냥 대기업 이것저것 몇 개…?"
"코인은? 나 오늘 아침에 산 거 23% 올랐다."
"그럼 너가 술 살 거야?"
"내가 잃은 게 얼만데."

항상 이런 식이니 대화가 길게 이어지지 않는다. 투자를 하건 재테크를 하건 본인이 좋으면 아무렴 상관없다. 힘들었던 건 이 얘기를 반복해서 한다는 사실이다.
예전처럼 요즘 관심사, 취미, 연애, 옷 얘기를 해도 좋다. 꼭 가벼운 주제가 아니더라도 회사에서 힘들었던 것이나 미래에 대한 걱정을 얘기해도 좋다. 술자리에서만큼은 딱딱한 경제 얘기보다 사람 사는 얘기를 나누고 싶었다.

"다른 할 얘기 없어? 주식 얘기만 주구장창 하지 말고."
"그럼 근로소득만으로 어떻게 살아? 결혼해서 집은 어떻게 사고. 이거라도 해야지."
"그래 알았다."

말을 끝맺음 한 것에는 두 가지 의미가 있었다. 한 가지는 대화 주제를 바꾸자고 강요하기 싫으니 눈치껏 그만하자는 의미였고, 나머지 하나는 재테크로 미래를 그리는 친구에게 내가 모르는 얘기를 답변해 줄 수 없다는 의미였다. 주로 주식 얘길 하긴 했지만 착실하게 돈을 모으는 친구였으니 어설프게 대답해주고 싶지 않았다.

그래도 피해를 주고 싶지 않다는 마음보다는 대화가 예전 같지 않아 아쉬운 마음이 더 크긴 했다. 그저 학생 때부터 같이 놀아왔다는 이유로 직장인이 되어서도 비슷한 관심사를 가지고 있을 거라고 내가 착각하고 있었던 것 같다.

술 마시면서 재테크 얘기하는 걸 지겨워했던 나처럼 그 친구들은 나를 철없이 봤을 수도 있다. 적절한 타이밍에 주식을 빼지도 않았고, 코인이나 부동산과 같은 투자들에 깊은 관심도 없었으니까.

서로가 살아가는 모습은 다른 방향을 향하고 있었지만 그게 마냥 싫지만은 않았다. 오히려 각자가 모르는 분야들을 더 알아가고 있다는 것에 든든하기도 했다.

하지만 그렇다고 해서 술자리를 계속 그런 식으로 보내는 건 용납할 수 없었다. 스터디를 하려고 만난 게 아니었기 때문이다. 그렇게 자연스레 내 취향과 비슷한 친구들과의 술자리만 잦아져갔다.

"여기 고등어회 괜찮지?"
"응. 갑자기 제주도 가서 먹고 오고 싶네."

"언제 한 번 가서 먹고 오자."
"그래. 요새 제주도에 뭐 괜찮은데 없나?"
"판포 포구? 나도 안 가봤는데 많이 가더라."
"처음 들어봐. 리스트에 올려야겠다."
"일단 술 먹고 너일 얘기하자. 너 요새 준비하는 건 어떤데?"
"그럭저럭. 계속해봐야지."

물 흐르듯 한 대화. 요새 괜찮은 맛집을 아는 것부터 새로운 장소를 갈망하는 것까지 거리낌이 없다. 이쯤 되면 건배 타이밍까지 자연스럽게 맞아떨어진다.

"너는 재테크 안 하냐?"
"그 얘기는 지겹다."
"다행이다 그래도. 나 같은 애가 아직 남아서."
"이러다 우리 둘 다 결혼 못하는 거 아니야?"
"그건 얘기가 다르지."

나이를 먹거나 결혼을 하건 현실적으로 바뀌는 건 흔한 일이다. 사실 사회어 내던져진 나도 어떤 면에서는 현실적으로 살아가고 있으니까.

다만 그 각박한 현실은 내가 알아서 살아갈 테니 편한 술자리에서만큼은 '나 잘 되면 너 직원으로 쓴다.'와 같은 허세 섞인 포부를 말하고, '요새 괜찮은데 또 생겼던데?'처럼 죽지 않은 감각을 이야기하고 싶다. 그마저도 잃어버린다면 즐기는 자리보다 필요한 자리만 피곤하게 쫓아다닐 것만 같다.

나만 재밌는 술자리를 원해서가 아니다. 대학 시절에는 중고등학교 시절이 술안주였고, 사회초년생 때는 대학 시절, 직장 연차가 쌓이면서 초년생이 안주가 됐을 때가 떠오르기 때문이다. 그때만 해도 꿈을 이룬 친구는 있어도 잃은 친구는 없었으니까.

다른 술자리는 어떨지 몰라도 때묻지 않은 대화를 나눌 수 있는 건 함께 자라온 친구들과의 술자리 밖에 없다. 그렇기에 아직은 오랜 친구들과 잔을 기울일 때, 사회의 푸념보다 우리의 이상을 말하고 싶다.

언제든 취할 수 있는 삶을 위해

동기부여

회사를 다니면서 종종 낮술을 한 적이 있다. 점심 메뉴가 탁월했거나 날이 좋을 때면 서로 눈치 볼 것 없이 술을 시켰다. 아쉬운 게 있다면 오후 업무를 위해 두세 잔 정도로 끝내야 한다는 것.

보통 이런 걸 절제라고 부르지만 나에게는 구속으로 느껴졌다. 단순히 당장 술을 못 마셔서 답답한 게 아니었다. 모두가 좋아하는 행위인데도 불구하고 삶을 영위하려면 회사의 규칙에 따라야만 하는 현실이 답답했다.

휴가를 떠나면 해가 뜰 때부터 질 때까지 맘껏 술을 마시곤 한다. 정말 자유로운 순간이고 행복을 느낀다. 하지만 곧 일상으로 돌아가 또다시 휴가만 바라보며 일할 생각을 하면 마냥 좋지만은 않았다. 그래서 그걸 느낀 후부터 휴가보다는 내 인생에 더 전념하기 시작했다.

점심시간에 아쉽게 간만 본 술 몇 잔, 영원하지 않은 휴가지에서의 자유로운 순간. 그렇게 술과 함께한 순간들은 나의 인생에 동기부여가 되었다. 더 나은 삶을 위해 계속해서

노력할 부분들을 찾아갔고, 힘들 때마다 술에게 위로와 동시에 재차 자극을 받아왔다.

 거창한 인생의 목표가 아니라 일상의 작은 부분에도 좋은 영향을 끼친다. 좋아하는 술자리를 지속하기 위해 운동을 하며 건강을 챙기고, 다양한 장소를 다니며 옷과 머리에 신경을 쓰기도 한다.

 술이 내 인생에 좋은 영향을 끼치는 부분이 많음에도 불구하고 술을 참으려 했던 적도 있다. 여름에 남들 따라 다이어트를 하고, 부지런히 일찍 일어나겠다고 다짐했을 때. 하지만 지금 생각해 보면 내가 한 가장 큰 후회는 술을 참은 것이다. 술 덕에 건강과 외모에 신경을 썼으면서 마땅한 이유도 없이 살을 빼고, 저녁형 인간이 아침형 인간이 되겠다며 마시지 않았다.

 만약 내가 운동을 하면서 삶의 동기부여가 생겼다면 식단과 수면에 신경을 썼을 것이다. 하지만 그게 아닌데도 운동인처럼 살려고 애를 쓰고 있었다.

 더 크고 명확한 삶의 목표는 계속 찾아가고 있다. 중요한

건 미래에 무엇을 이루고, 어떤 모습이 되든 간에 '언저 술
을 마시고 취해도 이상 없는 삶'은 그 안에 있다는 것이다.
미래에 무엇을 하든 항상 경제적 자유를 꿈꾸고 있는 이들
과 비슷한 이치다.

 자신이 좋아하는 일상기 목표를 향한 원동력이 되는 건 좋
은 일이라 생각한다. 자주 경험하며 자극을 받고, 주체적으
로 움직일 수 있는 일이니까.

'돈을 많이 벌면 뭘 하고 있을까?'
'명예를 얻으면 뭘 하고 있을까?'
'내 꿈을 이루면 뭘 하고 있을까?'

이런 행복한 상상을 할 때면 나는 누구와 언제 마시건 막껏
취하는, 그런 미래를 꿈꾼다.

EPILOGUE

"술에 왜 이렇게 진심이야?"

나를 술 예찬론자로까지 보는 사람들은 이런 질문들을 던진다. 그것도 함께 술을 마시면서.

나는 술에 진심일 수밖에 없다. 술로 인해 잃은 것보다 얻은 게 많으니. 사시사철 술을 마시는데 잃는 게 많았다면 지금쯤 난 아무런 의지 없이 술을 원망하며 살아가고 있었을 것이다. 하지만 전혀 그렇게 살고 있지 않다.

이 책을 쓰면서도 하고 싶은 말이 잘 표현되지 않으면 캔맥주에 소주를 타마셨다. 가만히 앉아 고민해도 어떻게든 써내려가긴 했을 것이다. 하지만 내가 좋아하는 술로 환기를 시켰을 때 더 잘 써내려갔다. 술이란 내게 이런 존재다. 살아가는데 윤활유 같은 역할을 한다.

물론 이런 경험들도 술을 좋아하는 사람들만 공감할 것이다. 그래서 술에 대한 이야기를 술을 좋아하는 사람들과 나누고 싶었다. 술자리에서 나눌 수 있는 이야기들을 쉽게 만날 수 없는 사람들에게도 하고 싶었고, 술자리에서 차마 하지 못한 이야기들을 책에 담아 말하고 싶었다.

술의 부정적인 영향도 분명 있다. 하지만 그를 마다하고 우리가 술을 계속 마시는 이유도 분명 있다. 부정적인 부분은 해결해나가되 긍정적인 부분은 더 낭만적으로 즐겨나가면 좋지 않을까 싶다. 어차피 술을 좋아하게 된 이상 인생에서 뗄 수 없는 동반자가 되어버렸으니까.

유독 바빴던 날, 일을 마치고 술로 하루를 마무리한 적이 있다. 그 술은 너무도 달았다. 그때처럼 이 책을 마무리 짓고 나서도 기분 좋게 한잔하려 한다.

독자분들도 이 책을 다 읽으셨다면 한잔 걸치면서 자신의 알콜라이프를 회상해 보면 어떨까 싶다.

alley

IMPORTED
STD 1936 ED
KAHLÚA
COFFEE
LIQUEUR
THE ORIGINAL

이제 한잔하러 갈 시간입니다.

JANJU